돌은 위로가 되지

DEARLY
Copyright ⓒ 2020 by O.W. Toad Ltd.
All rights reserved.

Korean translation copyright ⓒ 2025 by PSYCHE'S FOREST BOOKS
This Korean edition was published by Psyche's Forest Books by
arrangement with Curtis Brown UK through Duran Kim Agency, Seoul.

이 책의 한국어판 저작권은 듀란킴 에이전시를 통한 Curtis Brown UK와의 독점 계약으로 도서출판 프시케의숲에 있습니다. 저작권법에 의해 한국 내에서 보호를 받는 저작물이므로 무단 전재와 복제를 금합니다.

돌은 위로가 되지

마거릿 애트우드 시집
한정원 옮김

프시케의숲

일러두기

1. 외래어 표기는 국립국어원의 표기법을 따랐다.
2. 책과 잡지는 《 》로, 시와 영화는 〈 〉로 표기했다.
3. 본문상의 주는 모두 옮긴이 주이다.

곁에 없는,
그레임에게

독자들에게,

근래 내 십 대 시절과 대학 시절에 쓴 묵은 글을 보관한 서랍을 살펴봤어요. 나는 끊임없이 써댔더군요. 소설, 에세이, 희곡 그리고 시. 그중에는 완성한 것도 쓰다 만 것도 거의 끝낸 것도 있었고요. 대부분의 글이 엉망이었지만 엄청 많긴 했어요. 몇 편은 기대를 품고 반송 봉투와 함께 잡지사에 투고하기도 했는데, 거의 다 되돌아왔지요. 이 시들은 모란, 1956년 헝가리 혁명, 겨울, 절단된 머리 등 다양한 소재를 다루고 있었어요. 내가 으레 그러듯이요.

시는 잉크, 연필, 볼펜, 뭐든 간에 손에 잡히는 것으로 썼더군요. 종이도 마찬가지. 줄이 그어진 것, 무지인 것, 희고 노랗고 푸른 것 등 닥치는 대로 가져다 썼고요. 이 시집에 실린 시들의 자필 원본을 보니 내 방식은 변함이 없네요. 나는 이 '방식'이라는 단어를 느슨한 의미로 사용하는 거예요. 난 특정한 방법론을 가진 적도 없고, 수업을 통해 그것을 배운 적도 없어요. 1950년대 후반 캐나다에는 그런 수업조차 없었으니까요.

여러 시집을 내면서, 나는 손으로 쓴 그 시들을 서랍 속에 그대로 쌓아두곤 했어요. 몇 편은 독수리 타법으로 타이핑하고 수정하고 다시 타이핑했고요. 간간이 바닥에 인쇄한 시들을 쭉 늘어놓은 다음 재배치하고, 덧붙이거나 폐기하며 심사숙고했어요. 영화 〈작은 아씨들〉 속 '조'가 자신의 원고를 검토하던 장면과 비슷하게 말이죠.

그렇게 이 시집이 나오게 됐어요. 서랍 속에 묻혀 있던 손으로 쓴 시들을 타이핑하고 퇴고해서. 이 시들은 2008년부터 2019년 사이에 썼어요. 그 11년 동안 세계는 좀 더 암울해졌네요. 나도 나이를 먹었고요. 나와 절친했던 사람들은 세상을 떠났어요.

시라는 것은 인간 존재에서 가장 절실한 문제를 다루지요. 삶, 죽음, 회복, 변화를. 공정함과 불공정함, 불평등과 드물게 평등을. 각양각색의 세계와 기후와 시간을. 슬픔과 기쁨을.

그리고 새도 있죠. 이 시집에는 그 어느 때보다 새가 자주 나와요. 다음에 묶을 시집에는 심지어 더 많이, 세상의 다양한 새들까지 등장시키고 싶어요.

우리 같이 기대해보기로 하죠.

마거릿 애트우드

차례

I

13 늦은 시 Late Poems
15 유령 고양이 Ghost Cat
17 소금 Salt
19 여권 Passports
21 눈보라 Blizzard
24 코코넛 Coconut
26 기념품 Souvenirs
29 양철 나무꾼 여자가 마사지를 받다 The Tin Woodwoman Gets a Massage
31 공허가 없다면 If There Were No Emptiness

II

35 보건 수업(1953) Health Class(1953)
37 풍속화 A Genre Painting
39 공주의 옷 Princess Clothing
44 매미 Cicadas
46 민달팽이 섹스 Double-Entry Slug Sex
48 타인의 성생활 Everyone Else's Sex Life
50 배신 Betrayal
52 프리다 칼로, 산 미겔, 재의 수요일 Frida Kahlo, San Miguel, Ash Wednesday
54 카산드라 Cassandra Considers Declining the Gift
56 그림자 Shadow
58 살해당한 누이들을 위한 노래 Songs for Murdered Sisters
67 소중한 사람들 The Dear Ones
69 스키타이인 발굴하기 Digging Up the Scythians

III

- 73 구월의 버섯 September Mushrooms
- 75 핼러윈 호박 조각하기 Carving the Jacks
- 77 잔해를 훑는 드론 A Drone Scans the Wreckage
- 79 타오르는 Aflame
- 81 늑대인간의 근황 Update on Werewolves
- 84 좀비 Zombie
- 87 외계인이 온다 The Aliens Arrive
- 93 알을 품고 있는 세이렌 Siren Brooding on Her Eggs
- 95 거미의 서명 Spider Signatures
- 98 번역 학회에서 At the Translation Conference

IV

- 103 미치광이의 숲에서 걷다 Walking in the Madman's Wood
- 105 깃 Feather
- 107 치명적인 빛 Fatal Light Awareness
- 109 새 공포증 Fear of Birds
- 111 늑대에 관한 짧은 의견 Short Takes on Wolves
- 114 식탁 차리기 Table Settings
- 116 예이츠 시의 첫 행에 대한 즉흥시 Improvisation on a First Line by Yeats
- 118 "북극의 심장" "Heart of the Arctic"
- 123 플라스틱기 모음곡 Plasticene Suite
- 137 비 추적하기 Tracking the Rain
- 139 아이들아 Oh Children
- 141 신들의 황혼 The Twilight of the Gods
- 143 호수 같은 피오르 This Fiord Looks Like a Lake

V

- 147 　언젠가 One Day
- 150 　슬픈 도구 Sad Utensils
- 152 　겨울 휴가 Winter Vacations
- 154 　건초발 Hayfoot
- 156 　사자왕 Mr. Lionheart
- 158 　투명인간 Invisible Man
- 160 　은색 구두 Silver Slippers
- 163 　안에서 Within
- 164 　플랫라인 Flatline
- 166 　마법이 풀린 시체 Disenchanted Corpse
- 168 　지극히 Dearly
- 173 　블랙베리 Blackberries

　177　　옮긴이 후기

I.

늦은 시

이건 늦은 시들.
시라는 건 십중팔구
대단히 늦기 마련이다,
뱃사람이 보낸 편지가
그가 물에 빠져 죽은 후에야 도착하듯.

손쓸 수 없이 늦은, 그런 편지들과
늦은 시들은 비슷비슷해서
마치 물속을 헤치고 다다르는 듯해.

이미 지나가버린 일들.
전쟁, 눈부신 시절, 욕망에 빠져들었던
달밤, 작별의 입맞춤. 그 무엇이든 시는
해안으로 쓸려온 표류물.

혹은 저녁 식사에 늦듯, 한 발 늦는 것.
차갑게 식거나 다 먹어치운 낱말들뿐이지.
불한당, 곡경, 피정복민,
우거하다, 깃들다, 일삽시,
천대된, 읍하는, 궤망한.

사랑과 기쁨, 그것조차도: 몹시 갉아 먹힌 노래.
녹슨 주문. 케케묵은 후렴.

늦었다, 너무 늦었다,
춤을 추기에는 대단히 늦어버렸다.
그래도, 당신이 할 수 있는 노래를 불러라.
빛을 더 밝혀라. 계속 불러라,
노래를, 영원히.

유령 고양이

고양이들도 치매를 앓아요. 알고 있었나요?
우리 고양이가 그랬지요. 과민할 만큼 영리해
수의사를 피해 다니던 검은 고양이 말고.
모피상 토시처럼, 털이 북슬북슬하던, 다른 고양이요.
보도 위에 누워 이리저리 몸을 굴리며
행인들이 지나는 틈을 노리다, 수염을
바지에 문지르곤 했지요. 기억을 잃기 시작하면서 더는
아니었지만. 밤이면 부엌에서 배회했지요.
여기에서 토마토 한 입,
저기에서 잘 익은 복숭아 한 입,
납작한 빵 한 입, 물컹한 배 한 입 베어 물면서.
이게 내가 먹으려던 건가?
아닌 것 같은데. 그럼 뭐였지? 그럼 어디에 있지?
그러고는 계단을 올라왔지요, 나방의 걸음걸이로,
올빼미의 눈으로, *아-우! 아-우!*
털로 덮인 조그만 증기 기관차처럼 울면서.
그토록 넋이 빠져 다 잊은 채. 오, 누-구?
굳게 닫힌 침실 문을
긁어요. *날 들여보내줘,*
날 감싸줘, 내가 누구였는지 말해줘.

소용없어. 그만 가르랑대렴. 원하는 걸 얻지 못해.
컴컴한 동굴 같은 식당으로 가버렸지요,
안으로 들어갔다가, 나왔다가, 쓸쓸히.
그리고 내가 그쪽으로 가면, 털을 세우고, 다시 울부짖으며,
공기의 흐름을 할퀴었어요:
내가 누구라고 우기든
내가 당신을 얼마나 사랑하든,
문을 잠궈. 창에 빗장을 걸어.

소금

그 시절에 좋았어요?
그래. 그랬지.
좋다는 걸 알았어요?
당시에? 당신의 시간이?

아니, 걱정에 빠져 있었거든
아니면 배가 고팠든가
아니면 그 시간의 절반은 잠들어 있어서.
가끔은 배나 자두가 있었어
아니면 뭐가 담긴 컵 하나,
아니면 찰랑거리는 새하얀 커튼,
그것도 아니면 어떤 손 하나가.
또 고풍스러운 천막 안에서는
그윽한 램프의 빛이
아름다움과 충만함과
뒤엉킨 몸들을 어루만지고 애지중지하다,
화르르 타오르고, 그러고 사라졌어.

신기루라고, 당신은 단정 짓네요.
그 모든 것들은 없었다고.

물론 어깨너머에 있긴 하지만,
당신의 시간은 별 아래 펼쳐진
소풍처럼, 여전히 눈부신걸요,
밤인데도요.

뒤돌아보지 마라, 사람들은 말해요.
당신은 소금으로 변할 거다.
그치만, 왜 안 되겠어요? 왜 보지 않아요?
반짝이지 않나요?
거기 뒤에서, 어여쁘지 않나요?

여권

우리는 여권을 간직한다, 처음 머리를 깎아준 우리 아이들
혹은 너무 이르게 전사한 애인들의
그 곱슬곱슬한 머리칼인 양 간직한다. 여기

내 모든 것이 있다, 파일 속에 안전히, 모서리가
잘린 채, 한 장 한 장 새겨진
여행들을 나는 간신히 기억할 뿐.

왜 그토록 어딘가에서
또 어딘가로 떠돌았는지. 누가 알겠는가.
쭉 늘어선 망령들의 사진은

내가 나였음을 증명하고 나선다
둥글납작한 잿빛 얼굴, 정오의 번쩍이는 섬광에
걸려든 물고기의 눈

막 체포된 여자처럼
부루퉁하고 놀란 시선으로.
연달아 이어지는 이 사진들은

서서히 암흑으로 사라지는 달 주기표, 혹은
오 년마다 뭍에 떠오르는
비운의 인어 같다, 그리고 매번 좀 더

죽음에 가까운 것으로 변한다.
타는 대기에 시들어가는 피부,
퍼석하고 숱이 빠지는 적갈색 머리칼,
웃거나 운다면 저주를 받을.

눈보라

내 어머니, 자고 있네.
거의 백 년을 살았는데
봄철 양치식물처럼 웅크려서.

베개로 쌓은 언덕 위에
주름진 돌멩이처럼 삐죽 솟은,
그의 귓등에 대고 말하지

저예요! 저예요!
하지만 어머니는 한사코
깨지 않으려 한다.

깊숙이 내려간 거야, 잠수부가
뛰어드는 위태로운 동굴,
텅 빈 그곳까지.

그래도 어머니는 꿈을 꾸네.
얼굴을 찌푸리고
거칠게 숨 쉬는 걸 보면 알지.

또 하나의 흰 강을 따라
내려가고 있거나, 아니면
언 강을 가로질러 걷고 있는지도.

그에게 더는 모험이 없으리
침대와 가족사진이 있는
이 방 안에서도, 저 높은 하늘에서도.

나가서 폭풍에 맞서 싸우자,
어머니는 말하곤 했으니까. 아마
그러고 있을 테지.

그동안 나는 거미를 본다
천장을 오가며 흔적을 남기는
티끌 같은 전령을.

시계가 째깍거리고 하루가 오그라든다.
황혼이 우리 위로 흩뿌려진다.
내가 얼마나 더 머물러야 할까?

어머니의 이마를 짚어보고,
성긴 머리칼을 쓰다듬는다.
내 어머니 얼마나 컸던가,

우리 모두 얼마나 작아졌는가.
이제 어머니가 더 깊이 내려갈 시간,
그의 앞에 펼쳐진 눈보라 속으로

어두우며 밝은, 눈송이처럼.
어째서 나는 그를 놓아버리지 못할까?
어째서 나는 그가 떠나게 두지 못할까?

코코넛

전쟁 직후에는 살 게 더 많았지.
오렌지가 다시 돌아왔고
흑백 세상은 무지개로 변했어.
아보카도는 아직이었는데,

그러다 해류가 멈춘 겨울, 느닷없이,
우리 집 지하실 저장고에서
코코넛이 불쑥 나타났지 뭐야,
나무로 만들어진 설인의
둥글고 단단한 털북숭이 가슴 같았어.

왜 하필 지하실이었을까?
도끼가 마침 거기 있었어.

세 개의 무른 눈마다
긴 쇠못을 박아 넣고
달콤한 즙을 빼냈지.
그다음 판 위에 둥근 머리를 세워
토막토막 썰었어.

조각들이 바닥 위로 투두둑투두둑,
그땐 석탄과 숯덩이의 시대
바닥이 깨끗하지도 않았는데도.

온전한 신의 음식의 첫맛이란!
재와 파괴의 파편들이 섞여 있었지만
사실 낙원이란 늘 그렇같이, 유심히 들여다보면.

기념품

우리는 떠났다가, 뭔가를 가지고 돌아온다
여기와 같은 알약을 구할 수 없는
치약도 현지 맥주도 구할 수 없는
저 낯선 달나라에서.
가판대에서 산
이국적인 물건들을 나누어 줄 테지,
전통 편물, 우스꽝스런 철물,
목각 트롤 인형. 조개껍데기와 암석 덩어리.
짐가방이 꽉 찬다.
우리 친구들에게 줄 기념품들,
추억으로.

그런데 누가 무엇을 기억하는 걸까?
깜찍한 고양이 모자이지만, 당신은 그곳에 간 적 없는걸.
난 그걸 샀던 걸 기억하고
당신은 내가 한때 기억한 것을
기억해. 나는 당신을 위해 뭔가
기억했지.
햇살이 눈부셨지만,
바람은 없던 그날. 작은 머리와 옅은 색 머리칼의

아이들이 있었다고.

난 다른 이들의 꿈에 나타난다
이전보다 더 자주.
그들이 전해주길, 어떨 땐 발가벗고 있어요,
아니면 요리 중이든가요—내가 요리를 많이 하는 것처럼
보이나 봐.
어떨 땐 늙은 개인데
들쑥날쑥한 이빨 사이에
둥글게 말린 편지를 물고 있죠, 수신인: '곧'.
또 어떨 땐 초록색 비단 드레스를 입은
해골이랍니다.
뭣 때문인지 난 늘 거기 있고,
꿈을 꾼 사람들은 내게 말해준다.
알 게 뭐람.

그건 내가 당신들에게 되돌려주는 것
꿈속 세상에서, 생경한 달나라에서,
시계 따위 없는 장소에서.
색은 없지만 힘이 있지,

어떤 힘인지
어떻게 발휘되는지 나도 모르겠지만.

자, 이제 그 꿈은 당신들 것이야.
날 기억해줘.

양철 나무꾼 여자가 마사지를 받다*

플란넬 시트 위에
물 위에 뜬 죽은 사람의 자세로
얼굴은 아래로. 두 팔을 늘어뜨리고,
피부는 못 본 척,
실로폰 척추도 못 본 척,
물집과 부스럼을 피해,
조직 깊숙한 곳을 향해,

소형 개구리들처럼 끽끽대는
작은 경첩들을 노린다—
팽팽하게 당겨진 멍든 힘줄의
현이 팅팅 울린다.

난 대체 얼마나 녹슨 채로 닫혀 있었는지,
얼마나 꿈쩍 않고 얼마나 부식된 건지.
오래된 삶은 콩 통조림,
빗속에 버려진 양철 나무꾼 여자.
움직임이 곧 고통이어라.
이토록 삭아버렸구나.

누구였지? 자긴 뇌가 없다고
불평하던 사람.
어느 허수아비 옷을 입은 소년.

내겐, 심장이 그래,
그게 바로 결핍된 부분.
난 갖고 싶었지.
핀을 찔러두기에 딱인,
혈액의 끈에 매달린
앙증맞은 붉은 실크 쿠션을.
하지만 이제 마음을 바꿨어.
심장은 아프거든.

• 이 시는 프랭크 바움의 《오즈의 마법사》를 염두에 두고 있다. 그 이야기에서 허수아비는 뇌를, 양철 나무꾼은 심장을 소망한다.

공허가 없다면

공허가 없다면, 삶도 없으리.
생각해봐.
갖가지 전자장비, 잡동사니 따위가
다락에 빼곡히 들어차 있다고 폐기물처럼
압축기 속 쓰레기처럼
납작한 덩어리로 한데 짜부라지고 말 것들이.
그렇게 플라스마만 남는다,
당신도 나도 없이.

그러니 나는 비어 있음을 예찬하리.
플라스틱과 산토끼꽃이 뒹구는 공터,
빈집, 거기 먼지 앉은 가시금작화,
창밖 하늘만큼 푸른, 텅 빈 응시.
모텔 바깥에서 번쩍이는
'*빈방 있음*'이라는 글자, 네온 화살표 표시,

그게 가리키는 오솔길을 따라가면
고리타분한 안내데스크, 갈색 가죽 열쇠고리에서 달랑거리는
열쇠 모양의 열쇠,

열쇠로 빈 객실 문을 열면
침침한 노란빛의 흠집 많은 리놀륨 장판
꽃무늬 소파와 솜이 죽은 쿠션들
표백제와 곰팡이 냄새를 풍기는, 움푹 꺼진 침대
지지직대는 라디오
칠십 년 전부터
여기 있었던 재떨이.

이 방은 이토록 오래 정지되어 있으니:
비어 있음 공허 침묵
내게 드러낼 준비가 된
아무도 들어보지 못한 이야기가 담긴 곳.

여기에 서사 있으리.

II.

보건 수업 (1953)

애들아, 애들아, 애들아, 애들아, 애들아!
진정들 해!
여기는 난리법석 서커스장이 아니고
교실이라고!
오늘은 혈액에 대해 배워볼 거다.
조용히 좀!

여기 위에선 너희들이 안 보일 것 같지?
장난치는 거, 웅얼거리는 거,
속삭이는 거, 다 알아
너희들이 어디에 있고 싶어 하고
어떤 자세를 좋아하는지,
얼마나 제멋대로 뻗어 나가려는지 다 알아.

너희는 내가 우스운 척하고 싶겠지만
실은 너희를 겁먹게 하겠지.
한때 탱탱한 분홍빛 젤리였던 나도
이젠 차가운 잿빛 달덩이
이게 너희들의 미래야.
내가 필요할 거야 그땐.

뼈만 남은 내 얼굴을 너희 쪽으로 돌려줄게.
메마른 빛을 비춰줄게.

풍속화

튤립을 보라,
봉오리이거나 활짝 핀 꽃의
곡선과 기울기, 윤기와 자세,
광택이 흐르는 어둠을.

리넨 냅킨을 보라,
질감과 주름,
점점 짧아지는 양초에서
빛을 흠뻑 빨아들이는 방식,
연푸른색 그림자를.

가죽이 벗겨진 토끼를 보라,
줄에 매달린 채
드러난 근육, 번쩍이는 연골,
생살은 냄새를 풍기리
달궈진 녹과 늪의 물 냄새.

여자를 보라, 칼을 잡고
양파와 내장을 써는,
그녀의 때 묻은, 접힌 소매의 안쪽을.

여자는 우리를 갸웃이 바라본다.
몸이 무엇을 먹는지 알기에.

이 내장과 시들어가는 꽃잎과
펄럭이며 타들어가는 양초—
이것은 여자의 소임이자 기도,
은총이자 제물이니.

공주의 옷

i.

여자가 입는 옷을 두고 이러쿵저러쿵하는 사람이 너무 많아
이래야 유행에 맞을 거라는 둥, 적어도
이래야 살해당하지 않을 거라는 둥.

옆집에 이사 온 여자들
허가 없이
천 나부랭이를 두르고 있던데.

나쁜 본보기가 되고 있어.
돌을 꺼내 들자.

ii.

털도 골칫거리.
여자 몸의 것이든 동물의 것이든.
깃털이란 깃털은 거의 다 벗겨내던 때도 있었지,
모자를 만든다는 명분으로.

새들에게서 갈취하다니, 애야,
왜 그랬던 걸까?
여자가 자신을 매혹적으로 만들기 위해서라면
못 할 일이 없던 때였어.
리본과 선박 모양 장식, 온갖 헤어롤까지
많은 것들을 머리에 갖다 붙였지.

그런데 이제 그녀의 몸통은 배수로 속에 놓여 있어
잃어버린 장갑 한 짝처럼, 내던져진 책처럼
거의 회자되지 않은 채. 읽히지 않은 채.
말들로 이루어진 권력의 궁전에서, 사라진 한 명의 공주.

iii.

오 조심해,
머리카락을 드러내
안 그럼 그들이 너희 성을 태워버릴 테니.
잠깐. 아냐. 가려!
머리카락이란. 이렇게나 논란거리.

iv.

발은 말이야, 항상 문제였어.
발가락, 뒤꿈치, 발목
번갈아가며 음탕하다 하지.
꼭 끼는 유리 슬리퍼, 휘청거릴수록 좋은 것.

네가 원하지 않은 많은 것들이
꽃으로 가장해서 도래해.
연꽃 발,* 그 꽃잎들
부러진 뼈들

v.

맨몸에 걸치는 울은
한때 군대 법령이었다.
전투 중에 씻기가 힘들었으니까.
울은 미생물을 억제하고 악취가 없거나
심하지 않으니까. 이론상으로는 그랬지.
그렇게 주어진 거야, 캐시미어!

근데 겨드랑이 말이야, 사타구니처럼 축축해지는 게 결점이야, 분홍색이라 해도
영 여성스럽지가 않거든.

vi.

반면에 면은
파삭파삭했지. 지금도 그래.
녹음할 땐 입으면 안 돼.
그 소리가 허공에 남겨진
너의 유령 목소리에 끼어들지 않게 하려면.

vii.

하지만 실크는,
수의로 완벽하지.
사실 실크의 내력이 그렇잖아.
나비가 되길 꿈꾸며
누에들이 계속 뽑아내는 일곱 베일.
그것들이 삶아지고, 또 펼쳐지지.

너도 그것을 기대하겠지?
죽음 너머에, 비상이 있는 것?
장막이 걷히면 날아오르리,
우아한 날개와 함께. 오 애야,
그렇진 않을 거야.
딱히 그렇진 않을 거야.

• 연꽃 발: 전족으로 변형된 발을 가리킨다.

매미

구 년 만에 마침내
어둠을 뚫고 나오는 주둥이
상처투성이 나무껍질을 조금씩 기어올라
열망의 아우성을 풀어놓는다.

귀청을 찢는 단조로운 드릴,
느리게 번쩍이는 번개처럼 요동하며
대기를 쪼개고
탄 방수포 내음을 남긴다.

*지금 지금 지금*이야, 매미는 말한다
여섯 개의 발톱 달린 다리로 매달린 채
그리고 그 곁엔, 바짝 마른 귀처럼,
잎맥이 도드라진 갈색 낙엽처럼 암컷 하나가,
똑같이 전율하며 바짝 다가온다.

자, 시작이야, 시간은 짧고, 죽음은 가까워, 그래도 우선,
우선, 우선, 우선
작열하는 태양 아래, 온종일,
한 달 후엔 이름도 없이 사라질,

이 성가신 사랑의 소음. 이 환장할 잡음.
이―인정할 수밖에 없는―노래.

민달팽이 섹스

우리가 싹이나 포자로 번식할 수 있었다면
이런 결투는 하지 않을 텐데.

혹은 최고의 줄타기처럼
분비물과 접착제로 아롱대는
밧줄에 매달려
둘 다 공중에서 빙빙 돌면서
똑같은 기관을 상대방 귓속으로
돌려 넣을 수 있었다면,

그럼 좋았을 거예요. 민달팽이가 그렇게 하죠.
저 진주 같은 알들 봐요!

(레이스 세공된 상추가 더 많아지겠죠.)

둘 다 끼여서 꼼짝 못 하지만 않으면.
그런 일이 일어나기도 해요.

그럼 별수 없이 물어뜯는 거예요
페니스를. 그렇다면 인간들은?

당신들 것이라면 어땠을지? 상상해보자고요.

행위 후의 대화: 아포펄레이션•

내 차례야! 지난번에 네가 내 것을 물어뜯었잖아.

서둘러, 아니면 여기 밤새 있어야 해,
포식자들의 공정한 게임이지.

난 그런 거 몰라! 게다가 난 살고 싶지 않아!
넌 날 사랑한 적이 없잖아!
내 귀를 사랑했을 뿐이잖아!

날이 밝으면 뭔가는 포기해야 해요.
혹은 누군가. 어느 하나는
놓아줘야 한다는 것. 두말하면 잔소리.
그게 우리가 살아가는 방식이랍니다.

> • 민달팽이는 자웅동체로, 머리 부근의 생식공을 통해 서로 정자를 주고받는다. 이때 생식돌기가 꼬여 안 빠질 경우 치설로 물어뜯어 잘라내는 것을 'apophallation'이라 한다.

타인의 성생활

타인의 성생활은 정말 상상 초월인 듯.
우리는 생각한다, 설마하니.
이걸 저기 넣는다고!
그렇게 더러운 입
그렇게 썩은 치아로 설마!
저 푹 익은 자두들, 축 처진 살집들!

제발, 옷 좀 입어줘.
옷은 됐다 뭐 하는지.
당신 자신으로부터,
당신만의 관음증자로부터 당신을 지켜야지.

아무도 영화배우처럼 보이지 않아
아니 영화배우라도
쉬는 날엔
길거리를 어슬렁어슬렁 걷고
질 좋은 음식을 찾아다니지
별 특색 없이, 행운 없이.

아무도 안 그래, 술 취해서

머릿속 그들 자신에게 말고는,
나르시시스트라면, 맨정신에도 그러겠지만.

혹 사랑에 빠진 거라면. 그래, *사랑 안에서는*,
그 미친 장밋빛 서커스 천막의
침침한 빛이 눈에 보이는 모든 것들을 용서하지,
연인들의 치부를 가리고,
우리를 멍청하게 만들고
창피한 실수의 고통도 누그러뜨리지.

너무도 유혹적이야, 그 인조 대리석 아치 구조물은,
유원지 같기도 고전적이기도—
아주 고상하면서, 아주 속물적인
그런 불빛,
파란 네온 간판이 이끌지:

사랑! 이쪽이야!
들어와!

배신

당신 침대 속이나 위에서 우연히
당신 애인과 친구가 발가벗고 있는 걸 보게 되면
할 수 있는 말들이 있다.

잘 가, 는 그중의 하나가 아니다.
당신은 부주의하게 열린 문을 절대 닫지 않을 거고,
그들은 그 방에 영원히 갇히게 될 거다.

도대체 그렇게 알몸이어야 했을까?
그렇게 품위라고는 하나 없이?
봄 물웅덩이 안에서처럼 버둥대면서?

너무 앙상한 다리, 너무 두꺼운 허리,
여기저기에서 튕기는 탱탱볼,
머리카락 다발…

그래, 그건 배신이었지만,
당신에 대한 배신은 아니었다.
당신이 그 둘에게 가졌던 어떤 느낌들,

십이월의 연보라빛 석양과
눈이 내려 쌓일 때의
은은하고 신비로운 빛—에 대한 배신이었을 뿐.

당신의 노려보는 시선에 잡힌
그 어색한 찰나,
엉거주춤한 살덩이가 아니라

프리다 칼로, 산 미겔, 재의 수요일*

당신은 오래전 사라졌지만
여기 기념품 상가에서는
어디에나 있군요.
날염한 천 가방, 구멍 뚫은 양철 상자,
진홍색 티셔츠, 구슬로 엮은 십자가에
당신의 나선으로 땋은 머리, 흔들림 없는 응시,
사슴 혹은 순교자 같은 몸이.

별나고 열렬하며
큰 고통이 따르는 마지막을 겪으면
으레 밈으로 바뀌게 되죠.
교수형에 처한 남자의 밧줄은 행운을 가져올지니,
거꾸로 매달리거나
쟁반 위에 자신들의 가슴을 바쳤던 성인 성녀들
우리는 그들을 걸치고, 그들을 불러내고,
우리의 육신과 위험 사이에 그들을 집어넣어요.

두 길 건너에서, 불꽃놀이를 하네요.
어딘가에서 뭔가 타고 있어요,
아니 이미 한 번 탔었죠.

찢긴 실크 베일, 누렇게 바래가는 편지:
난 여기서 죽어가고 있어.
꼬챙이에 꿰인 사랑,
불길에 휩싸인 심장.
우리는 당신을 들이마셔요, 옅은 연기,
재가 된 슬픔을.

어제 아이들은 속을 비운 달걀을
사람들의 머리 위에 부스러뜨렸어요,
반짝이는 것들로 세례를 베풀었어요.
껍질 조각들이 공원에 흩뿌려졌죠
부서진 나비 날개처럼,
모래처럼, 색종이처럼.
하늘빛, 노을빛, 피,
당신의 색깔들이.

• 기독교 전통에서 사순절의 시작을 알리는 날. '재의 수요일'에 성직자는 신자들의 이마에 참회의 상징인 재를 바른다.

카산드라*

이 모든 걸 내가 바라지 않았더라면 어땠을까?
일이 나쁘게 풀려가고
내 이름이 쉴 새 없이 오르내리는 동안
내가 하리라, 그가 예언했던 일들―
머리칼 검게 물들이기, 얼굴에 피어싱 하기,
엿같은 에너지 분출하기,
남자를 만나 즐기기.
더럽혀진 명예 속에서 진탕 뒹굴기.

만약 내가 아폴론 신에게,
호의의 대가로 섹스하는 것에
아뇨 사양할래요 말했더라면?
바로 이곳에 계속 머물렀더라면?
(나중에 불에 타서 없어질)
바로 내 좁디좁은 고향에서
다른 사람들을 먼저 생각하며
남편 없이 측은하게 살았더라면?
짙은 푸른색 가죽 지갑과
뜨개로 짠 면직물 선물들―
조카들이 나중에 갖다버릴

인형 모자나 화장지 덮개 따위를 가졌을 테고.
그리고 또 눈물지었겠지,
창백하고 메마르고 시답잖은 실패 따위로.

적어도 나는 오만하진 않았을 거야,
방패를 든 여성 전사인 양, 방호물인 양.
적어도 나는 지신만만하진 않았을 거야
그리고 십일월 중순 어느 날
주유소에서, 몸을 떨며, 지나던 차를 얻어탄
저물녘, 그 직전에
마지막으로 살아 있는 것이 목격되진 않았을 거야.

- 카산드라는 그리스 신화 속 트로이의 공주이다. 음악의 신 아폴론으로부터 예언 능력을 얻었지만, 그 대가성의 성교는 거절한다. 이에 아폴론은 아무도 카산드라의 예언을 믿지 않도록 저주를 내린다.

그림자

당신의 몸을 노리는 자가 있다.

무슨 일이 벌어지는가?
애원하기, 빌리기, 사들이기, 훔치기?
시궁창 혹은 제단?
누군가 원하는
몸이란 그런 식이다.

당신에게 몸은 어떤 가치인가?
장미 한 송이, 다이아몬드,
거금 백만 달러, 농담, 물 한 잔?
이러한 것이 당신을 좋아한다는 허구?

당신은 허락할 수도 있다, 이 몸을,
관대한 사람인 듯이,
아니면 잠깐 의식을 잃고 빼앗기고는
전혀 알아채지 못할지도.

작별 키스를 해, 그 몸에게
한때 당신 것이었는데.

이젠 떨어져나와 구르고 있다,
모피 옷에 둘둘 감겨, 초원에서
춤을 추거나 피를 흘리고 있다.

어차피 필요 없었네,
몸은 지나치게 관심을 끌었으니.
그림자로만 존재하는 게 나으리.

당신의 그림자를 노리는 자가 있다.

살해당한 누이들을 위한 노래

바리톤을 위한 연가곡

1. 빈 의자

나의 누이가 있던 자리에
이제 빈 의자

더는 없네,
더는 거기 없네

그녀는 이제 공허
그녀는 이제 허공

2. 마법

이게 이야기였다면
나는 누이에게 말해주었으리

산에 사는 트롤이

그녀를 빼앗아갔을 거라고

아니면 괴상한 마법사가
그녀를 돌로 바꿔놓았을 거라고

아니면 그녀를 탑 안에 가뒀거나
금빛 꽃 안쪽 깊숙이 숨겼을 거라고

나는 떠나야만 했으리
달의 서쪽으로, 해의 동쪽으로

해결책을 찾기 위해,
나는 주문을 외었으리.

그리고 누이는 거기 서 있었으리
살아서 행복하게, 아무 해 없이

하지만 이건 이야기가 아니야.
그런 이야기가 아니야…

3. 분노

분노는 붉음
쏟아진 피의 색깔

남자는 분노에 휩싸여 있었어,
네가 사랑해보려던 그 남자는

너는 문을 열었고
죽음이 거기 서 있었어

붉은 죽음, 붉은 분노
너를 향하고 있는

그토록 생생히 살아 있었기에
두려움에 지지 않고

네가 물었지. 어쩐 일이야?
그 대답은 붉음.

4. 꿈

내가 잠들면 네가 나타난다
거기에서 난 어린아이
너는 어리고 여전히 나의 누이

씨름이고,
난 앞날을 몰라,
꿈속에서는 몰라

너는 내게 말하지, 난 떠날 거야
멀고 긴 여행을.
난 가야만 해.

안 돼, 가지 마, 난 널 불러세워
너는 점점 작아지는데,
가지 말고 여기에서 나랑 놀자!

하지만 갑자기 나는 나이가 들어
춥고 달도 없고

겨울이고…

5. 새의 영혼

새가 인간의 영혼이라면
너는 어떤 새일까?
기쁘게 지저귀는 봄날의 새?
높이 나는 새?

달을 바라보며
'홀로, 홀로'를 노래하는,
'너무 이른 죽음'을 노래하는
저녁 새일까?

부드러운 날개를 가진 포식자,
올빼미일까?
너는 끝없이 찾고, 또 찾고 있을까?
널 죽인 살인자의 영혼을?

난 네가 새가 아니라는 걸 알아,
아주 멀리, 아득히 멀리
날아가버렸다는 걸 알지만.
네가 어딘가에 있어주었으면⋯

6. 상실

너무 많은 누이들을 잃었다
너무 많은 빼앗긴 누이들

수 년, 수천 년에 걸쳐
그렇게 많이들 떠나갔다

자신들에게 권한이 있다고 착각하는 남자들의 손에
너무 이르게 암흑 속으로

분노와 증오
질투와 두려움

너무 많은 누이들이 죽었다
수 년, 수천 년에 걸쳐

더 위에 군림하고자 하는
겁쟁이 남자들의 손에 죽었다

수 년, 수천 년에 걸쳐
너무 많은 누이들을 잃었다

너무 많은 눈물이 있었다…

   7. 분노

너무 늦었구나,
널 구하기엔 너무 늦었어.

분노와 고통이 들어찬다
내 손가락들 안에,

내 양손 안에
시뻘건 명령이 만져진다

널 죽인 그 남자를 죽여라.
그래야만 공정하리라.

그를 멈춰 세워, 더는 그 짓을 하지 않게,
바닥 위에 산산조각내서,

부수어버려.
그놈이 왜 아직 여기 있지

너는 죽었는데?
너도 내가 그러길 바라지 않을까,

내 누이의 유령아?
아니면 그놈을 살려둘 거야?

너는 대신 용서할 거야?

종결부: 노래

네가 노래였다면
어떤 노래였을까?

노래하는 목소리일까,
네가 곧 음악일까?

내가 널 위해 이 노래를 부를 때
너는 공허한 허공이 아니야

넌 여기 있어,
숨 한 번, 그리고 또 한 번,

넌 여기 나와 함께 있어…

소중한 사람들

대체 그들은 어디에 있을까? 온데간데없구나.
예전엔 집시들이 낚아채 가곤 했어,
아니면 소인국에 사는,

매혹적이지만 작지는 않은 사람들이.
그 소중한 이들을
언덕으로 꾀어냈지. 금과 춤으로 말이야.

아홉 시까지 집에 왔어야 했는데.
당신은 전화를 돌렸지. 얼음처럼, 쇠붙이처럼, 비정한
괘종시계 소리.

일 주, 이 주: 소식 없음.
칠 년이 지나도. 아니, 이십 년.
아니, 백 년. 그보다 더 지나도.

그들이 마침내 다시 나타났을 땐
하나도 늙지 않고
길을 헤매고 있는 거야, 옷은 너덜너덜하고

맨발로, 머리칼은 마구 엉킨 채,
그들을 애타게 기다렸던 사람들은
수십 년 전에 죽었는데.

이런 유의 이야기들을
우리는 했었지. 어느 정도 위로가 되었지
그 말은

모든 이들은 어딘가에 있다는 뜻이니까.
하지만 그 소중한 이들, 어디에 있을까?
어디에? 어디에? 잠시 후

당신이 새처럼 운다.
당신이 멈추어도, 슬픔은 계속 지저귄다.
당신을 두고 멀리 날아가버린다

차가운 밤의 들판 위로,
찾고 또 찾으며,
강을 건너,
허공 너머로.

스키타이인 발굴하기

스키타이인이 발굴되고 있다
겨드랑이까지 구불구불
동물들 문신을 새겨넣고, 그들의 무기와 함께 묻힌
여성 전사들, 단도를 든 소녀들, 용감한 기수들—

신화에 부재했으나,
아무튼 존재했던
(팔찌, 값싼 장신구, 연약한 두개골),
그들과 도끼로 베인 그들의 말,
명예와 함께 매장된.

화살 처녀가 발굴되고 있다
도시를 잃고 떠돌다, 딱딱하게 잠들어 있던 이들
통나무 방, 통나무 무덤, 깊고 깊은 지하,
그들이 가져본 유일한 집에서.
이천 년간 얼어 있던
그들과 그들의 자수품,
비단과 가죽, 깃털들,

난도질당한 팔뼈, 부러진 손가락,

절단된 머리가.
놀랍지 않다. 전쟁이 있었고
패배하면 무슨 일이 벌어지는지 그들은 알았다:
강간, 죽음, 죽음, 강간,
나쁜 본보기를 위해, 되도록 잔인하게,
아기들과 젊은 어머니들,
소녀 소년들, 모두 학살당했다.
그렇게 된 것이다: 내리 전멸.
그래서 그들은 싸웠다.
(또한 승리할 경우 전리품을 위해서도.)

여기 그들이 있다, 이름 없는 이들,
여전히 우리와 함께 어찌어찌 존재하며.
그들은 무슨 일이 벌어졌는지 알았다.
그들은 무슨 일이 벌어지는지 알고 있다.

III.

구월의 버섯

올해도 놓치고 말았네.
날씨가 갑자기 변하고
비가 넉넉히 왔을 땐
딴 데 마음이 송두리째 뺏겨서.

나무 그늘 밑에서, 은밀히,
사양토와 축축한 낙엽 더미를 뚫고
버섯은 코를 들이밀었어—

빛깔 한 조각, 또 한 조각—
저 아래에서 일어나는
아리송한 소식들,
서서히 용해되는 단단한 나무,
균사, 주먹만 한 옹이에 대해 전하며.
그물망과 습기를 모으며.

더러 환한 붉은색, 더러 보라색,
몇은 갈색, 몇은 흰색, 몇은 레몬색.
밤새 가만가만 고개를 드밀고
습기를 뿜는 선풍기처럼 살아 있는 해면처럼

레이더 접시처럼 몸을 펼치고서, 귀 기울이고 있어.

이른바 빛과 공기로 이루어진
인간 세계에서 버섯은 무엇을 들었을까?
말라 죽기 전에
어떤 말을 땅 밑으로 되돌려 보냈을까?
*'조심해'*였을까?

이것 봐. 남아 있는 부분들은 마치
윤기 없는 포자로 이루어진 가죽 같은 지구,
야금야금 뜯긴 자갈투성이 달,
메마른 반구,
검게 변한 귀.

핼러윈 호박 조각하기

매해 도착하지,
속이 파인 가벼운 머리의 이것들은,
우리 현관 계단 위에, 문간에,
불꽃만이 가득한 마음으로,
환호인지 위협인지 모를
텅 빈 시선으로.

우리는 그들을 조각했어 우리 생각대로:
교묘하지만 악의는 없는,
정말 해를 끼치지는 않는(적어도 그렇게 말하지).
파티는 신나지
도를 넘지만 않으면.

이빨이 특색 있어,
콧구멍, 눈구멍,
우리처럼
아직 해골은 아니지만.

내내 빛나라, 주홍빛 전령들아!
어둠을 쫓아내고,

죽음에게 말하라, 서두르지 말라고.
적어도 어떤 광채가 남아 있으니까.

이 주 후엔 잎이 떨어지고
너희들도 썩을 거다.
그래도 달처럼 돌아올 거다
너의 시간이 다시, 다시, 또다시,
같은 방식으로 굴러가면.
우리가 떠나고
우리가 칼로 만든 것이 우리보다 더 오래 살아남을 거다.

잔해를 훑는 드론

연기가 내 눈에,
열다섯 개의 눈 안에 들어온다.
유리 단열재가 서서히 탄다.
분홍 혀들이 그 위에 붙어 있다.
까맣게 탄 솜사탕.

내가 그랬던가?

야자나무는 머리가 베였다.
성당 지붕은 별을 향해,
냉혹함을 향해 활짝 열렸다
사람들은 저 아래에서 뭘 숭배했지?
머리맡의 선풍기?
긴 베개? 벌거벗은 침대보?

나는 엿본다.

그들이 베개에 대고 '*신이여*' 외치는 것을.
이젠 찢겨 훨훨 날리는
천사들의 깃털을.

나보다 더 느리게, 허공을 맴도는 것을.
생생하게 찍힌 손자국을 봐. 시뻘건.
아직 축축한 얼룩.

뭔가 놓친 게 분명하다.

다시 더 잘 조준하기.
시동 걸기.
타타타. 두두두. 쾅쾅쾅.
이번엔 명중했군. 만세.
살아남은 게 있다면 실패했다는 뜻이거든.

내가 나빴던가?

눈물방울이 떨어지고 떨어진다.
소나기가 쏟아진다.

타오르는

세계는 활활 타오르고 있다. 언제나 그랬듯.
번개가 칠 것이다, 침엽수 속
송진이 터져 나오고, 검은 토탄이 타고,
희끗희끗한 뼈는 서서히 빛나고, 낙엽은
갈색으로 물들어 몸부림친다, 촛불을 붙인
종잇장처럼. 그건 가을의 냄새,
산화: 당신 살에서도 맡을 수 있는
볕에 탔을 때 풍기는 향.
                이제야
더 빠르게 타오른다.
우리가 성냥을 가지고 놀던 시절
숯덩이로 변한 세계 멸망의 모든 이야기들이 지어졌다.
스러지는 연기 사이로 보이는
치열한 역사, 트로이식 탑들,
마시멜로를 구태여 불 위에 놓아둘 때의
그런 즐거움을 몸짓으로 드러냈던
멋진 신기루 화산들,

느리게 융합된 그 모든 서사시들은
석탄 속에 담겨, 화강암 산 아래

묻히거나, 깊디깊은 바닷속으로
던져졌다 사기 물병 속
정령처럼.

      다, 전부 다 실현되리
우리가 납봉된 것을 열었고,
경고하는 룬 문자를 무시했고,
이야기들이 바깥으로 나오게 했기에.
      우리는 알았어야 했다.

알았어야 했다
그런 설화들이 진실로 어떻게 끝나는지,
왜 그런지.
      그 이야기들은 불길에 휩싸여 끝난다
우리가 그것을 원했기에,
그렇게 되기를 원했기에.

늑대인간의 근황

옛날엔 말이야, 늑대인간은 모두 남자였어.
자신의 살갗을 가를 뿐 아니라
청바지를 찢고 불쑥 나와서,
공원에서 달빛을 향해 울부짖다가
스스로 발각됐어.
사교클럽 남자애들이 하는 그런 일들.

너무 심했지 땋은 머리를 홱 잡아당기고
몸을 비트는 어린 여자애들에게 으르렁댔던 건.
그 애들은 앙앙
앙 뼛속까지 서럽게 울었어.
젠장, 좀 집적거렸을 뿐이야,
갯과들의 장난기를 보태서,
저 여자애가 도망가는 꼴을 보래요!

하지만 이젠 달라졌지,
더는 성별에 국한되지 않아.
이젠 누구든 받는 위협

다리가 긴 여자들이 협곡 사이를 전력 질주한다

털 운동복을 입고, 사디스트적인 《프렌치 보그》 복장의
변태적인 모델 무리들과
탈바꿈된 단기 기억들,
처벌 없는 광란에 푹 빠져 있다.

빨간 테두리의 발톱을 봐!
이글거리는 눈알을 봐!
불온한 만월의 후광이 비치는
배경의 천을 봐!
털이 무성한, 이 아름다운 여인,
그건 스웨터의 털이 아니니.

오 자유, 자유 그리고 힘이여!
노래하며 다리 위를 성큼성큼 달린다,
바람에 엉덩이를 드러내고, 보행로에서 목을 물어뜯으며,
브로커들을 약올린다.

내일이면 여자들은 돌아가겠지
중간 관리직의 검은 정장과
지미 추 구두 차림으로

그들이 해명할 수 없는 시간과
계단 위에 떨어진 첫 데이트의 피를 남기고.
전화를 몇 통 걸 거야: *헤어지자.*
너 때문이 아니야. 내가 문제야. 이유는 말하기 힘들어.
판매 회의에서,
시청각자료 바로 앞에서,
그들은 꼬리가 돋아나는 상상을 하겠지.
중독성 강한 숙취와
망가진 손톱을 얻게 되겠지.

좀비

"시는 우리 마음에서 터져 나오는 과거이다."
　_릴케

바로 그거예요, 좀비.
늘 의심하지 않았나요?
"시는 우리 마음에서 터져 나오는
과거이다"
바이러스처럼, 전염병처럼.
나뭇잎 더미와 폐지를 뚫고
집요하게 슬슬 올라와
창문을 긁어대는
죽지 않는 죽은 이들에 관한,
반쯤 계속 존재하는 잃은 이들에 관한
시가 얼마나 많던가요?

젊은 시절 애인과
오십 년 후 현관의
침침한 등 밑에서 조우한다고 쳐요.
그 얼굴이 얼마나 두루뭉술 긴가민가하겠어요!
스티커 기능이 없는

미스터 포테이토 헤드.•
기억을 더듬어야 하죠.
목을 애무하던 그이가 이 사람이라고?

그러니까 당신이 네 살 때 만들었다가
홧김에 찌부러뜨린,
그래서 색이 한데 뒤섞여버린
엉망진창 클레이 괴물이랄까요.
쌀쌀한 십일월 밤
당신 집 문간에 나타나서는,
비를 맞으며 속삭여요 스시
스시, 그리고 혀가 없는
입이 당신 이름을 중얼거리죠.

죽은 채로 있어! 죽은 채로! 주문을 걸어요,
과거를 돌려보내고 싶은 당신은.
어림없죠. 그 생명체는
어둑한 숲 사이를 어슬렁어슬렁 걸어가요,
붉은, 단음절의 흐느낌,
슬픔의 맛이 나는 얼룩진 단어 사이를.

드라이아이스 안개가 낀 비구름 속을
이젠 웅얼거리며 어기적어기적 걸어가요.
고딕풍 시계가 있는
화려하고 과장된 복도를 따라, 거울 속으로.

당신 어깨 위의 손. 거의-손 같은
그건 바로 시, 당신을 사로잡으러 와요.

• 손발, 눈, 코, 입 등을 자유자재로 떼었다 붙일 수 있는 캐릭터 장난감.

외계인이 온다

아홉 편의 심야 영화

i.

외계인이 온다.
우리보다 영리하고 육식성인.
나머지는 당신이 아는 그대로.

ii.

외계인이 온다.
안개 사이로, 이슬비 사이로.
우리를 돕고 싶다면서,
적어도 그들의 말은 그래.
그러고는 펑, 지글지글.
음모였던 거야! 하지만 왜?
우리 중 몇은 살아남지
그들이 떠나버린 후에도.

iii.

외계인이 온다.
그들 지도자는 머리가 무지 커.
큼직한 유리병 안에 살아.
우리에게 최면을 걸려고 하는데,
왜 그러는지는 신만이 알겠지.
오 잠깐만.
그건 은유잖아.

iv.

외계인이 온다.
큰 축구공 모양의
우주선 캡슐에서 새하얀 빛이 번쩍인다.
신인가?

v.

외계인이 온다,

당신이 생각하는 그런 식은 아니고.
우리 겨드랑이 새로 빠져나간다.
쉼 없이, 비명을 지른다.
모든 게 지나치게 핑크빛이군.

vi.

외계인이 온다
휠 캡처럼 생긴 걸 타고.
아니 진짜 휠 캡이야,
1955년식 빈티지네.
그러니까 그게 저기로 간 거였어!
폐차장이 아니었다고!
당신 거짓말했잖아.

vii.

외계인이 온다.
잉크 방울로 말하는
초영리한 문어들이.

그들은 우리가 서로에게,
전 세계에게
친절하길 바라지. 평생 처음으로.
그렇지 않으면. 않으면 뭐?
이건 희망적인 징조일까?
당신은 어떻게 생각해?

viii.

외계인이 온다.
인간의 섹스에 대해 들었지만
믿지 않았기에.
큰 위험을 무릅쓰고
직접 보러 왔다.
우리 창문을 엿보는
날아다니는 눈알 모양의
스파이를 내려보내.
오 인류학이여!
경악! 놀람!
정말 대단한 쇼!

거의 병들 지경이잖아!
흥미진진하군.
외계인은 우주 빨대로
후루룩후루룩 백 명의 인간을 유괴하고
다른 행성으로 데려가
동물원에 집어넣지.
당신이 요구받을 때마다 섹스를 하지 않으면
먹이를 얻지 못할 거야.
외계인은 '아' '오오'
'하하'에 해당하는 말을 한다.
끔찍해라, 굶주림은 무슨 짓이든 하지.
섹스, 섹스, 섹스,
두 시간마다,
달걀 샌드위치와 맥주가 번갈아 나오고.
조심해야겠어 말이 씨가 되니까.

ix.

외계인이 온다.
우리는 우리가 구원되는 부분을 좋아해.

우리는 우리가 파멸되는 부분을 좋아해.
그 두 느낌은 왜 그토록 비슷한지?
어느 쪽이든, 끝이다.
그저 살아 있는 거 그만.
척하는 거 그만.

알을 품고 있는 세이렌

호기심 많은 인간들, 궁금해하네
우리가 무슨 노래를 불렀길래
선원들을 수없이 꾀어
죽음으로 몰고 갔는지. 그래, 그럴 만해.

대체 어떤 것일까? 그러니까,
죽음 말이야. 사타구니를 찍는
날카로운 새의 발톱, 찢어 발겨지는 고통,
목에 박히는 독 이빨? 혹은
수컷 사마귀처럼, 환희에 휩싸여 내쉬는
마지막 숨?

나 여기 볼품없는 둥지에 앉아 있네
넥타이, 분기별
보고서, 딱 붙는 반바지를
뼈와 펜들 사이에 넣어 만든 곳에서
내 가슴과 깃털을 부풀리네. 자장가,

내 작은 신화, 내 배고픈 새끼들,
절대 안전한 우리 여자만의 비밀을

너희 빛나는 껍질 속에서 꿈꾸고 있구나
엄마가 바로 곁에 있고
아빠도 분명 너희를 사랑했을 거야,
그의 단백질을 전부 줬잖니!

부화가 시작됐어. 힘을 내!
곧 톡-톡-톡 소리가 들리겠지, 어어이!
그리고 알을 깨고 나올 거야,
솜털이 덮인 장밋빛의, 내 새끼들.
피루엣처럼, 삐죽 올라오는 립스틱처럼,
설탕에 절인 제비꽃처럼 사랑스럽게,
보송보송한 앙증맞은 날개를 파닥거리면서
노래에 굶주린 채.

거미의 서명

시시각각 나는 나를 서명한다.
얼룩, 점, 얼룩,
검은 바닥 위에 흰 수기 신호.

거미 똥,
유인의 잔여물.
왜 하얀색일까?
내 마음이 순수해서지,
비록 이면이 있긴 하지만,

책장 밑은 특히
비단 알주머니를 두기 딱 좋아,
내 가닥가닥 실들,
내 베틀, 내 소중한 요람을.

늘 책을 좋아했거든,
바스러지고 얼룩진,
문고본을 선호해.
그 텍스트에 나는
뻔뻔하고 어수선한 주석을 덧붙인다네,

나방 날개, 딱정벌레 껍질,
가느다란 장갑 같은 내 탈피한 허물을.
적절한 비유: 나는 대부분 손가락이다.

하지만 바닥은 싫어.
눈에 너무 띄어서, 움츠리고, 허둥지둥하지,
신발과 진공청소기의 먹잇감이 돼,
파리채는 말할 것도 없고.

갑자기 나를 만나면
당신은 비명을 질러. 다리가 너무 많아서?
아니면 여덟 개의 빨간 눈,
복부의 번들거리는 부분 때문에?
엄지손가락에 묻은 핏방울, 터진 포도,
그걸 당신은 겨냥한다.

날 죽이면 불운이 오지만 말이야.
받아들여.
당신이 태어나기 전부터, 내가 있었다는 걸.●

비를 주관하고,
엄격히 보살피고

당신이 자는 동안에도
계속 맴도는, 나는 최초의 할머니.
당신의 악몽을 내 그물에 가두고,●●
당신을 위해 당신 두려움의 씨앗들을 먹고,
그 잉크를 빨아내서

창턱에 휘갈겨둔다
*존재하다, 존재하다, 존재하다*에 대한 작은 주석을,
하얀 자장가를.

● 호피 인디언 신화에 의하면, 거미 할머니가 태양신 타와와 인간 남녀를 탄생시켰다고 한다.

●● 드림캐처를 염두에 둔 표현. 아메리카 원주민 전설에 따르면, 드림캐처를 침대 주변에 걸어놓으면 악몽을 잡아준다고 한다. 거미줄 모양으로 실을 교차해놓은 동그란 틀 아래에 깃털을 매단 디자인이다.

번역 학회에서

우리 언어에는
'he'나 'she' 혹은 'him'이나 'her'에
해당하는 단어가 없어요.
당신이 치마니 넥타이니
그런 것들을
첫 페이지에 둘 때 알아두세요.

강간 행위의 경우, 아이인지 어른인지
나이를 아는 것도
도움이 되죠.
그러면 우리가 어조를 잡을 수 있으니.

우리는 미래 시제도 없어요,
일어날 일은 이미 일어나고 있으니까요.
당신이 *내일*이나 *수요일* 같은
단어를 덧붙일 수 있겠죠.
그럼 우리는 이해할 거예요.

이런 단어들은 먹을 수 있는 것들에 쓰여요.
먹을 수 없는 것들에는 단어가 없지요.

뭐하러 이름이 필요하겠어요?
저주에 이용되는 식물, 새,
버섯에도 적용되는 얘기예요.

이쪽 탁자에서
여자들은 '아니'라고 말하지 않아요.
'아니'라는 난어는 있지만, 그렇게 말하지 않아요.
너무 퉁명스러우니까.
'아니'라고 하려면, 대신 '아마도'라고 하겠죠.
그러면 대부분의 상황에서,
당신은 이해받을 거예요.

저쪽 탁자에는 여섯 부류가 있어요.
아직 태어나지 않은, 죽은, 살아 있는 것,
마실 수 있는 것, 마실 수 없는 것,
말해질 수 없는 것.

새 단어인가요 옛 단어인가요?
한물갔나요?
격식을 차린 건가요 스스럼없는 건가요?

얼마나 공격적인가요? 일부터 십까지 정도를 매겨본다면?
당신이 지어낸 건가요?

문 바로 옆
탁자 맨 끝에는,
위험한 것을 다루는 이들이 있어요.
부적절한 단어를 옮긴다면
그들은 죽을 수도 있고
최소한 투옥될지도 몰라요.
그런 위험 단어들의 목록은 없어요.
나중에 알게 되겠지요,

넥타이냐 치마냐 하는 것이
그들이 '아니'라고 말할 수 있는지 없는지에 관한 것이
어쩌면 그들에게 중요하지 않을 때가 되어서야.
카페에서, 그들은 구석에
벽을 등지고 앉아요.
일어날 일은 이미 일어나고 있어요.

IV.

미치광이의 숲에서 걷다

이른 봄
미치광이의 숲에서
서걱서걱 불길한 마른 잎 위를 걷는다.

미치광이는 이 황무지를 사랑했지
한때, 그의 뇌신경이
망가지기 전에. 분명
그였으리라 (언제일까?) 길쭉한
이끼가 얹힌 이 둥근 돌을
여기 둔 이. *내 땅.*
게다가 온갖 깡통 뚜껑과
붉은 페인트를 대충 칠해 나무에 박아둔
사각 판자가
그가 세운 경계를 표시하고 있다.
내 땅, 내 땅, 내 땅, 내 땅.

'미치광이'라니, 그 폐기된 낱말은
쓰지 말아야지. '*정신을 놓았다*'고 하면 어떨까?
아냐, 요즘 세상엔 그런
정신이란 게 없지, 그보다

둥근 뼈 그릇 내부에서
희끗한 구름 속에서
아니오/예/아니오 신호를 보내는
깜빡이는 신경 연결 통로의 아주 작은 뒤엉킴이랄까.
네: 아주 멋져요. *아니오:* 너무 외로워요. *네.*
우리가 안다고 생각하는 세상은
우리가 최선을 다해 짐작하는 것일 뿐.

이건 그의 판잣집이었을 거야,
지금은 무너졌고, 그는 어디에서—무엇을 할까?
때때로 와서 앉아 있을까? 태양에
말라비틀어진 노루귀,
촘촘한 머리빗 같은 갈색 풀,
쓰러진 난로, 젖은 듯
몹시 번들대는 야생 양파.
버섯들로 장식된 물컹한 통나무.

당신은 여기에서 길을 잃거나, 놀라서
머릿속이 뒤죽박죽되리. 그리고 그저
다시 돌아가지 못하리.

깃

깃털이 한 줌씩 떨어졌네.
가파른 바람, 햇빛의 표백, 올빼미의 다툼,
엽총을 든 사냥꾼.

뭣 때문일지 누가 알까.
아무튼 여기 잔디 비슷한 곳에서 나는
누구의 찢긴 살가죽인시 모를 그걸 빌견했이

달을 너무 가까이해
녹아버린 신의 잔해,
부러진 날개의 글씨.

한때는 높이 날아올랐겠지,
우리 모두 그랬듯이.
모든 삶은 실패

마지막 순간에는,
피가 마르는 순간에는.
하지만 우리는 한사코 생각해, 그 무엇도

헛되지는 않다고, 그래 난 패배로 나온 깃 하나를 집어 들어
뾰족하게 다듬고 쪼개고,
잉크를 구하고,

그렇게 이 시를 얻었네
죽은 새, 너로 인해.
너의 소진한 비행으로,

점점 희미해지는 너의 공포로,
나선으로 떨구어지던 너의 눈으로,
너의 밤으로.

치명적인 빛

티티새 한 마리가 내 창과 충돌했다.
사랑스러운 목소리 하나 줄어듦.
부유한 마술사가 만들어낸 나무들의 허상—

거울 같은 유리 탓에
또 나의 게으름 탓에 죽었다.
왜 나는 격자창을 걸지 않았던가.

저기 밤하늘 위
고층 빌딩 사이에서, 음악은 죽어간다
당신이 가짜 일출을 타오르게 할 때,
당신이 켠 빛은 새들에게는 마지막 어둠.

온 사방에서
새들의 깃털이 떨어지고 있다.
따스한, 차츰 사라져 없어져버린대도
눈 같은 것은 아닌— 깃털이.

우리는 죽어가는 교향곡.
새는 이것을 알지 못하지만,

우리는, 우리만은 안다

우리 밤의 마술이 하는 일을.
우리 사악한 빛의 마술을.

새 공포증

그가 새를 무서워했냐고 당신이 물었어요.
어떻게 그럴 수 있냐고.
그렇게 커다란 사람이.

길흉의 징조여서는 아니었어요.
금, 은, 아연 같은
금속성 목소리 탓이었을지도.

짤랑짤랑, 빽빽, 긁는 소리.
혹은 마른 숲에 물방울이 떨어지는 소리.
톡. 톡. 톡. 톡.
노랫소리와 혼동하면 안 돼요.

아니면 눈들. 노랗고 붉고 친밀하지 않은,
그 바짝 다가온 광기 탓이었을까요.
저 머릿속에서 당신은 안중에도 없는데.

일종의 날개. 천사들의 날개와 같은 무엇.
발톱이 달린 천사들,
그래 그것 때문인가 봐요.

얇은 종잇장처럼 바스락바스락.
그리고 코와 입 위로 내려앉는 깃털들.
숨죽임. 하얀 숨막힘.

그가 눈^snow을 두려워했냐고 당신이 물었어요.
그것과 뭐가 다르냐고.

늑대에 관한 짧은 의견

i.

고통에 빠진 늑대는
아무것도 인정하지 않아.
그의 저녁거리가 그를 물어버렸어.
잘못된 판단이었고,
이제 큰일 난 거지.

찢긴 발로 당신은 멀리 못 가.
늑대들 중에는 의사가 없거든.

ii.

늑대는 예의 바르지, 어느 정도까지는.
귀를 잘 관찰해야 해.
앞으로 굽힌다, 들을 의향이 있는 거야.
뒤로 젖힌다, 지루하기 짝이 없다는 뜻이야.

iii.

어둑한 데 앉아. 소리 내지 마.
그 담배에 불붙이거나
진딧물 찐득한 자리에 비비지 마.

번개 데이트 장소가 아니야.
동물원이 아니야.
늑대를 보여주거나
아니면 돈을 돌려달라고 요구하고 싶겠지,
하지만 늑대는 너를 보고 싶어 하지 않아.

iv.

늑대의 악몽에는 자동차,
긴 바늘, 쇠로 된 입마개,
빗장이 굳게 걸린 비좁은 우리,
당신처럼 냄새를 풍기는 생명체들이 나와.

한편, 행복한 꿈에는

끝없는 침엽수림,
돌 밑에 파둔 굴,
절뚝거리는 어리석은 순록,
순록의 부드러운 뼈가 나오지.

식탁 차리기

포크를 나눠줍니다,
작은 게의 집게발,
사자에게서 슬쩍한 발 갈퀴를,

그리고 칼,
우리가 한때 숭배했던 호랑이의 앞니를,
생고기를 썰
인간만의 도구가 부족하기에.

비록 향연의 모닥불은 촛불로 퇴색되었지만
우리는 푹 빠져 있습니다, 늘 똑같고
훨씬 하찮아진 신들에게.

신은 더이상 우리에게 말하지 않지만
괜찮아요,
우리끼리 충분히 떠드니까.

그리하여, 자연. 그것을 둘러싸고 앉아,
우리의 교묘한 송곳니와 발톱으로
마구 씹어댑니다.

하지만 숟가락,
자연에는 숟가락이 없죠,
동물에게도 없습니다.
우리는 우리 자신을 모방해봅니다.

자, 제가 도와드리겠습니다, 하며
둥글게 오므린 두 손을.

예이츠 시의 첫 행에 대한 즉흥시

〈사냥개 목소리〉로부터

우리는 헐벗은 언덕과 앙상한 나무를 사랑하기에
할 수 있다면 북쪽으로 향하네.
침엽수림, 툰드라, 바위가 많은 기슭, 얼음을 지나.

어디에서 왔을까, 우리의 이
희한한 취향. 얼마나 오래
이 험난한 길을 배회했는지.
가죽 털을 뒤집고,
늑대와 짝을 이루고, 지방을 먹고, 낭비를 질색하고,
정령을 조각하고, 눈을 추앙하고,
불을 지피고 꺼지지 않게 하는,
우리가 알았던 그 모든 지식을 외면서.

모든 건 한때 영혼이 있었네,
이 조개, 이 자갈까지도.
저마다 비밀스러운 이름이 있었네.
모든 것이 귀를 기울였지.
모든 것이 실재했지만,

늘 당신을 사랑한 것은 아니었기에.
당신은 조심해야 했다.

그다지 춥지 않은 날이면
우리는 추위를 느끼고 싶어 하고,
그곳으로 돌아가길 간절히 바라네.
그렇게 마음을 쏟기를 간절히 바라네.
하지만 요령을 잊고 말았어.
다른 음악이 존재한다는 것도.
우리가 바람의 단조로운 노래에서 듣는 건
오직 바람 소리뿐.

"북극의 심장"

2017년의 메모●

곰이 바위로
바위가 곰으로
다시 곰이 바위로
어떻게 보느냐에 따라

—

산허리의 흰 바위가
곰이 된다
당신이 보고 있지 않을 때
송곳니와 털을 내밀고

그것이 사물들이 움직이는 방식.

모르는 새 당신은 돌로 변했다
돌이 당신을 삼켰기에.

그 돌은 당신 심장의 엄니를 부러뜨렸지만

왜가리 같은 당신 심장은
그 무엇보다 더
단단하고 많은 이빨을 가졌지.

—

시냇물이 졸졸 흘리기는 저 이레,
산에서 깎여 나온 부서진 바윗덩어리의 움푹한 곳
주황-녹색 이끼 위 두 생명체:
자줏빛 꽃, 바늘꽃 한 송이
이 꿀벌 한 마리 말고는
아무도 보지 못하겠지,

그리고 담배꽁초 하나.

조심성 없는 사람이 여기에 왔었구나.
아무것도 신경 쓰지 않는.

—

멸멸하는 레밍.
사초莎草 사이에서 휙 치솟는 성냥불.
레밍은 자신이 불인 줄 모르고.
시야의 구석에서
사라졌다 나타났다 사라졌다

—

당신은 이 거대한 바위들 사이를 표류한다
유령처럼   바람처럼   유령처럼
이 황무지를 삼십 년간 배회하는
놓쳐버린 비닐봉지처럼.
얇은 세포막처럼.

폭포로 주름진 언덕으로 자갈길로
당신은 반투명하다.

해안가에는 해파리

홍조를 띠고 죽은 채,
벌써 녹아가고 있다.

인간들이여, 아웃도어 장비를
모두 깔맞춤으로
신경 써서 골랐네
당신도 딱 그런 사람.

—

많은 이들이 목소리를 들었고
그들에게 할 일을 일러주는
단 하나의 신
또는 여러 신들의 목소리라고 여겼다

또는 돌덩어리의 목소리
조각상이 되고 싶다고 말하는

또는 동물의 목소리
자기 목숨을 당신에게 바치는,

자길 죽이라고 말하는.

—

그 목소리는 어디에서 올까?
왜 몇몇만이 그걸 들을까?

강물도 아니었고 내 삐걱대는 배낭도 아니었고
내 머릿속에 있었던 것도 아닌
내가 들은 재잘대는 새소리는 무엇이었나?

새라니? 어디? 들어볼게, 그가 말했다.

하지만 아무 소리도 없었다.

• 2017년 마거릿 애트우드는 그의 오랜 동반자 그레임 깁슨과 함께 북극 크루즈 여행('Heart of Arctic')에 참가했다. 이 여행은 그들의 열 일곱 번째 북극 탐험이었다. 2019년 그레임 깁슨은 세상을 떠났다.

플라스틱기 모음곡

1. 해변의 암석 같은 물체

고생대 신생대
중신세 홍적세
그리고 우리는 지금 여기: 플라스틱기^紀.

보렴, 모래로 이루어진 암석과
석회암의 한 종류, 석영암의 한 종류,
그리고 이건 무슨 종류인지?

까맣고 줄무늬가 있고 미끌한 것,
엄밀히 바위는 아니고
바위가 아닌 것도 아닌.

어쨌든 해변에 있다.
아마도 양동이의 조각이었을
다홍색 결을 지닌, 돌처럼 굳은 기름이.

인간이 사라지고 외계인이 와서
우리 화석의 수수께끼를 풀려고 할 때,

이게 증거가 될까?

우리에 대한. 우리의 덧없이 짧은 역사,
우리의 영리함과 무분별함,
우리의 돌연한 죽음에 대한.

2. 희미한 희망

플라스틱을 석유로 변환할 수 있다
열을 가해서. 이미 시도한 적이 있다.
먼저 플라스틱을 수집해야 한다.
악취도 날 거고.

일부 슈퍼마켓에서는 플라스틱을 금지했다.
음료 빨대도.
세금이 붙거나
또 다른 법이 있을 거다.

플라스틱을 먹는 미생물이 있다고

발견되기도 했지만.
온도가 높아야만 하니
북해에서는 소용없는 일.

납작하게 눌러 모조 목재로 만들 수도 있다.
하지만 오로지 몇몇 플라스틱만.
선숙용 블록도 마찬가지.

강에서 플라스틱을 퍼낼 수도 있다.
바다에 다다르기 전에.
하지만 그다음에는? 그걸 가지고 어쩌겠는가?

지금 이 순간도 감당할 수 없게
끝없이 쏟아져 나오는걸?

3. 잎

"검은 플라스틱 조각— 석유 시대를 규정하는 잎"

_마크 코커, 〈우리의 장소〉

도처에서 돋아난다, 이 잎은.
겨우살이처럼 나무들 위에서도,
습지 속에 잠겨서도,

수련처럼 연못 속에서도 피고 있다,
요란하고 주름진 모습으로,
마치 살아 있는 양 너울너울

해변으로 씻겨 내려가기도 한다.
조수와 바위에 조각난
찢긴 가방, 포장 비닐, 엉킨 밧줄이라는 신新 해초가.

하지만 진짜 잎과 달리 뿌리가 없고
아무것도 되돌려주지 않는다,
무의미한 단 일 칼로리조차도.

누가 심을까, 이런 쓸모없는 작물을?
누가 수확할까?
누가 멈추라고 말할 수 있을까?

4. 미드웨이섬의 앨버트로스

삐쩍 마른 늑골 내부는
온통 밝은 색깔,
꼬리표 리본
불다가 터진 풍선
은박지 조각
스프링 바퀴 전선

거기 무엇이 있어야 했나?
성긴 깃털로 이루어진
그 슬픈 자루 속에
죽은 어린 새 속에

날개를 위한 연료가 있어야 했는데,
깨끗한 바다 위로 솟구쳐
날아올라야 했는데,
이 번쩍거리는 쓰레기 말고
이 곪아 터진 둥지 짓기 말고

5. 편집 메모

한 가지 주의할 점은 (그녀가 말하길)
훈계와 절망으로부터
약간 물러나 있기

대신 (그녀가 말하길)
체험을
하도록 이끌기

인간에 대한
인간의 (그녀가 말하길) 영향에 대한
인간의 협정에 대한 이해에 따라

그런 다음 놓아두기
사람들이 이르도록
사람들이 자기 자신만의

판단에 이르도록.
자신만의 판단을 소유하는 것.

그녀가 말하길,

그것에는 위험이 좀 따르긴 하지만요.

6. 마법사의 견습생

이런 옛이야기 알 거야.
악마가 만든 기계가 있어
마법의 단어로
당신이 원하는 무엇이든 뚝딱 만들어내는

어느 멍청이가 소금을 원해서
소금이 점점 더 많이 쏟아져 나오는데도
그걸 끌 수 있는 주문을
알아내지 못해

할 수 없이 그는 기계를 바다에 던져버렸고,
그 때문에 바닷물이 짜다는 이야기.

마법사의 견습생**—
그것도 같은 이야기. '*나아가기*'는 쉽다,
진짜 어려운 건 '*멈추기*'
처음에는 아무도 그걸 생각하지 않는다.
그리고 나면 '*기다리기*'는 너무 늦다.

우리의 경우 마법사는 죽었다,
그가 처음에 누구였든 간에.
우리는 지침을 잃었고

마법의 기계는 쉼 없이 돌아간다
뭔가를 산더미로 쏟아내고
늘 그래왔듯
우리는 그걸 전부 바다에 던져버린다
그리고 이것의 결말은 좋지 않을 것이다

7. 고래

모두가 그걸 보고 울었지

TV 속 네모난 푸른 바다에서,
몹시 크고 슬픈

어미 고래
플라스틱의 독성 탓에 죽은
새끼를 데리고 다니며
사흘 동안 애도하는 것을.

몹시 크고 슬픈
감히 이해할 수 없는 죽음:
어떻게 이런 일이 일어났을까
그저 평범한 방식으로 살면서,

포장 용기와 포장지를 거치는
우리의 방식을 바꾸면서,
더 신선하게 유지하려고
음식을 겹겹이 싸는
우리의 방식을 끊으면서,
모두가 그렇게 살지 않나?

이전에는 어땠을까?
종이와 유리와 깡통만으로
삼베와 가죽과 방수포만으로
어떻게 우리는 살아남았을까?

그렇지만 지금은 죽은 고래가
바로 저기 화면 속에 있다,
몹시 크고 슬프게
뭔가 조치를 취해야 해.

그럴 거야! 그럴까?
우리는 결심할까, 마침내?

8. 작은 로봇

작은 로봇이 있다
막 발명된
매끄러운 플라스틱 소재의 귀여운 인형 같은 얼굴.
약간 겁에 질려 있지만

믿음직한 표정.
그건 아이처럼 학습하도록 설계되었다.

우리가 로봇에게 물건을 주면
그것을 만지고, 탐색하고,
그것을 깨물고 의심하고,
그것을 가지고 놀고, 흡수한다.
그러다 지루해지면
바닥에 내팽개친다.

파손될지도,
낑낑거릴지도 모른다.
로봇은 신경을 쓸까?
우리가 정말 그 정도까지 갔을까?

아이처럼 배우고 있다.
미래에 벌어질 것 같은 일들을
예측하는 법을 배우고 있다.
이것이 저것을 초래할 거라고.

작은 인형 같은 얼굴의 로봇이여,
우리가 만드는 이 세상에서
너는 스스로에 대해 어떻게 생각할까?
우리에 대해서는 어떻게 생각할까?

네가 쓸모없어지면
자신을 어디에 바칠까?
어떤 우주 쓰레기 더미에다가?
아니면 영원히 살게 될까?
우리가 너의 탐욕스럽고 지긋지긋한
조상이 될까?
아니면 네가 우리를 지워버릴까?
우리를 바닥에 내팽개칠까?
그게 더 나을까?

9. 밝은 면

하지만 밝은 면을 보세요,
당신은 말한다.

이렇게 밝은 적이 있었던가요?

이것만큼 오래 지속되고
이것만큼 밝은 꽃이 있었던가요?
겨울 눈 속에서도, 장례식이 끝나고 나서도?

이섯만큼 빨간 빨간색과
파란 파란색이 있었던가요?
게다가 진짜 저렴하지요!

마을까지
물을 나르는, 이것만큼 가벼운
양동이가 있었던가요?

걸핏하면 부서지는
무거운 걸 뭣 하러 사용하겠어요?
오렌지색 카누는 말할 것도 없고요.

당신의 목소리라면, 이천 마일 떨어져서도
내 귓가의 휘파람 소리만큼 또렷해요.

달리 어떻게 여기까지 닿을 수 있겠어요?

이게 아름답지 않다고 말하지 마세요—
과거의 어느 날만큼 아름다워요!
또는 미래의 어떤 날들만큼.

(참. 잘 휘어져 애용하는
늘 믿을 수 있는 연두색
얼음통도…)

• 미드웨이섬은 앨버트로스의 최대 번식지다. 수많은 앨버트로스가 바다에 떠다니는 플라스틱 쓰레기를 먹이로 착각하고 먹어 죽어가고 있다.

•• 괴테의 1797년 시 작품. 늙은 마법사가 견습공에게 허드렛일을 맡겨두고 자리를 비우자, 견습공은 빗자루에게 마법을 걸어 대신 물을 길어오도록 한다. 하지만 마법을 멈추게 하는 방법을 몰라 바닥이 온통 물로 가득 차게 된다. 늙은 마법사가 돌아와 주문을 외고 나서야 마법이 풀린다.

비 추적하기

옅고 끈끈한 안개로 노랗게 변한 대기.
우리는 뜨거운 푸딩을 들이마신다.
정원의 잎들은, 오래된 비단 천처럼
바스락거린다. 한물간 정원.
건드리기만 해도 바스러지는.
왕년의 잔디—
그 잔디는 잊자—
그럼에도 민들레는 무성하고,
어설픈 잡종보다 오래 살아남았다.
뿌리로 햇볕에 탄 흙을 움켜쥐고 있다.

종일 유예되고 있는, 비.
다가왔다가도 물러서고.
우리는 터치스크린을 만지작거려
비가 내릴 확률을 찾아본다.
레이더 지도에서 녹색의 물웅덩이가
서에서 동으로 흐르고,
우리의 위치에 해당하는 점에
부딪치기 전에 사라져버린다.
쭉 늘어지는 빨간 점, 글자가 비워진

만화책의 대사 칸처럼,
거꾸로 뒤집힌 눈물방울처럼.

바로 이 점 안에서,
우리가 지금 살고 있다
가열된 토스터의 색,
이 메마른 빨간 물방울 안에서.

우리는 잔디가 없는 곳에 서서
팔을 벌리고, 입을 벌린다.

타버릴 것인가 익사할 것인가?
비록 주문도
성가도 춤도 잊었지만,
우리는 수직으로 떨어지는 대양,
온전한 푸름, 온전한 물을 간청한다.
내려주소서.

아이들아

아이들아, 너희는 새가 없는 세상에서 자라게 될까?
귀뚜라미가 있을까, 너희들이 사는 곳에?
과꽃이 있을까?
적어도, 조개는 있겠지.
조개가 아닐지도 모르지만.

파도가 있을 거라는 건 알아.
파도에게는 생명력이 그다지 필요하지 않으니까.
산들바람, 폭풍, 사이클론.
잔물결도 마찬가지. 그리고 돌.
돌은 위로가 되지.

석양은 있을 거야, 먼지가 있는 한.
먼지는 있을 테고.

아이들아, 너희는 노래 없는 세상에서 자라게 될까?
소나무도 없고, 이끼도 없을까?

동굴에서 여생을 보내게 될까?
산소줄을 끼고 밀폐된 동굴에서,

정전이 될 때까지?
너희 눈은 해를 보지 못한 물고기의
흰자위처럼 텅 비게 될까?
그곳에서, 너희는 무엇을 희망할까?

아이들아, 너희는 얼음 없는 세상에서 자라게 될까?
쥐도 없고, 곰팡이도 없을까?

아이들아, 너희는 자라기나 할까?

신들의 황혼

옅은 연보라색, 옅은 분홍색, 옅은 파란색,
대기에 기이함이 감도는
빛바랜 부활절.
우리는 신으로서 우리만의 제단을 주관한다.
매의 얼굴을 한 늙은 남자와
폭군처럼 늘어진 턱살의 늙은 여자.
수북한 보석늘.
저쪽에서 홀로 금속 선박을 탄 어부가
상어 조각을 내동댕이치니,
난무하는 부리와 날개들.

점심시간. 심장이 꿈틀거린다.
간신히 통과하는 혈액.
유실된 빙하에서 흘러나온 모래 알갱이가 목구멍에서 걸러진다
화강암에서 갈린 잿빛 모래와
석회암 속 작은 이빨, 가는 가시와
앙증맞은 껍데기들도.
그것들은 우리를 단호하게 만든다. 우리는 병을 딴다.

우리에게 선의가 있냐고?
모든 인류에 대해?
더는 없다.
있기는 했던가?

신들이 눈살을 찌푸리면, 날씨가 나쁘다.
신들이 웃으면 햇살이 눈부시다.
우리 신들은 이제 항상 미소 짓는다,
생기 없는 미소를,
그리고 세계는 새카맣게 탄다.
미안해. 우리는 바보가 됐어.
우리는 마티니를 마시고 크루즈를 탄다.
우리가 건드리는 건 뭐든 붉게 변한다.

호수 같은 피오르°

가랑비 흩뿌리는 안개 속에서, 조심조심,
우리는 발을 내딛는다 미끄러운 바위 위로
개울의 깃털 같은 거품 위로.
어쩜 여기 색깔들:
빨강, 자주, 분홍, 주홍의
이파리들 사이로 검고 둥근 눈, 산딸기
일주일이면 모두 사라진다 해도,
우리에겐 잊히지 않는 사실.
여긴 뭘까? 고운 흰 털이 박힌 흙더미?
누군가 묻혀 있을까?
그래, 오랜 세월, 많이들 묻혔겠지,
지금은 그저 곰팡이일 뿐이지만.

때마침, 커다란 까마귀들이 곁에 있다.
당신이 다음인가? 우리에게 묻는다.
시든 육체를 알아본 거야,
얼른 부리로 쪼고 싶어서.
우리는 답한다, 아직 아니야.
무슨 일이든 적당한 때가 있지.
노란 돌들, 초록 이끼, 겨자 풀,

오래 방치된 무덤들, 나이 든 작은 버드나무들,
연못이 찬란한 동안은, 기다리렴.

• 빙하가 침식하며 생긴 U자형의 골짜기에 바닷물이 들어와 생긴 지형.

V.

언젠가

('세 운명의 신'이 화음을 넣는다)

언젠가 나는 늙겠지,
당신이 말했네
유월 비의 흰 냄새를 풍기는
얇은 이불과 베갯잇들—
그런 빨래를 널면서였을 거야
당신이 아직 그렇게 하던 날들이었어
배꽃이 당신 주변으로 분분히 날렸고
결혼식인 양 기쁨에 들떠
당신의 뇌는 노래했어 예 예 예
허벅지까지 오는 부츠를 신고, 짧은 치마를 살랑이는
다리가 길쭉한 세 여자
백업 가수처럼,
때맞춰 어떤 복잡한 춤으로
꿀이 있다 알려주는 꿀벌처럼.

시간이 흐르면서 내 눈은 쪼그라들겠지, 예 예
입속은 금속으로 채워지고,
척추는 허물어지겠지, 예 예

예, 나긋한 여자 셋이 노래했어
이젠 뼈죽 솟은 녹색 머리에
은색 화장을 하고.
하지만 지혜로워질지도 몰라,
당신은 웃으며 말했어,
문턱 너머로 발을 내딛는 듯.
오 예! 그들은 노래했네. 집어치워!
누가 지혜 따위 필요하대?
그리고 당신은 그들을 잊었어.

오늘 당신은 고요한 정원에서
시든 비비추 틈을
지팡이로 쑤시고 있어.
어디 있는 거야? 당신은
마지막 푸른 과꽃에게,
둥근 석조 새 물통의
웅덩이를 떠다니는 노란 잎에게 말하네.
그 지혜라는 거 어딨는 거야?
음악은 또 어디에 있고?
분명 여기 어디 근처에 있을 텐데.

이제 나는 그게 필요하다고.

뒤에서 노래하던 이들 더는 없어.
이제 옅은 노란색으로 변장하고
속삭일 뿐.
그들도 지팡이를 짚었고.
저 멀리서 말하길, 오 에.
지혜.
제라늄에게 물어봐.

당신은 지팡이로 캐내지:
그저 흙과 뿌리. 돌멩이.
돌멩이가 문인가 봐, 당신은 말하네
예, 예, 그들이 속삭여.
하지만 아무것도 잠겨있지 않아.
아무것도 없어. 애초에 없었던 거야.
그냥 열어.
그냥 걸어 내려가.

슬픈 도구

손을 앗긴 펜,
칼도 마찬가지.
활을 앗긴 첼로.
연사를 앗긴 말
그리고 그 반대.

'*앗긴*'이라는 단어:
누가 더이상 사용하려나?
그럼에도 다른 단어들처럼,
이제 죽고 없는 자들에 의해 깎이고
수백 수천 개의 입에서
소릿돌인 양 거듭 굴려지며 연마되어서
이런 형태가 된 거지.
앗긴
앗긴
산산이 찢긴 천 조각.
산산이— 시들한 일몰,
흐릿하게 사라지는 분홍빛 구름,
또 하나의 소실.

그리고 이 쌍안경,
전쟁을 앗긴
육십 년도 더 된 이것으로는 무얼 할 수 있을까?

겨울 휴가

우리는 얼마나 획획 시간을 훑고 지나가는지,
머핀 부스러기와
젖은 수건과 숲속의 흰 돌멩이 같은
호텔 비누 조각의 흔적을
뒤에 남겨둔 채.
하지만 무언가에 침식되었기에:
우리는 그것들을 따라 되돌아갈 수 없다.
산딸기가 가득 담긴 컵을 가지고
들떠서 출발했던 그 초원으로는,
아직은 땅속에서 그들의 운을 시험해보려
우리를 버려두지 않았던 부모들에게로는.

우리 화려한 트로피컬 무늬 옷은 냉혹하다.
무려 우리보다 오래 살아남으려고 하기에.
우리는 옷 속에서 쪼글쪼글해지고,
뼈에서 칼슘이 줄줄 새고 있는데.
다음은 교활한 모자.
우리는 그게 거울 속에서 조롱하는 것을 포착한다.
또 저속한 구호가 적힌, 대담한 것으로
새 티셔츠를 살 수도 있지만,

그건 낭비이리라.
이미 너무 많이 가지고 있으니까.
게다가 그것들은 떼 지어 우리를 괴롭혔고,
바닥에서 이리저리 기어 다녔고,
우리 발목에 엉켰고,
결국 계단 밑으로 굴러떨어지게 했지.

그래도 아랑곳없이 우리는 빠르게 여행하고 있다,
빛보다 빠르게 여행하고 있다.
얼추 내년,
얼추 작년,
얼추 재작년,
익숙하지만 언젠지 장담할 수 없구나.
야자수 스테인드글라스가 있는
이 야외 바는 어떤가?
우리가 이미 여기에 와봤다는 걸 안다.
아니 왔었나? 오게 될까?
우리가 다시 오게 될까?
먼 후일까?

건초발°

내 애인 절뚝절뚝 거리를 걷네.
건초발 짚발 절름발
오래전 군대에서 행진을 했던 그이가

이제 저기 앞에, 실루엣으로 있네.
가죽 코트 상점, 선글라스 상점,
여성용 보석 상점을 등지고
눈부신 진열창을 등지고

건초발, 짚…
사라져버렸어. 그림자에 스며든 채로.

어쩌면 그이가 아닐 거야. 같은 이가 아닐 거야,
가을 숲에서 성큼성큼 걷던 사람, 노랗게 물든 잎,
언 땅을 덮은
눈의 내음, 주변을 어슬렁거리던 곰들,
연못 위를 스치며 지나가던 얼음.
그때 오르막길에서, 건초발, 나는 헐레벌떡
따라간다.

왜 그래요? 어떻게 된 거예요?
아직 걸어 다니다니요?
의사가 그랬지. 당신은 무릎이 없다고.
그런데도 그이는 절뚝절뚝 걷네, 내가 볼 수 없는
모퉁이 뒤에서,
한사코 스스로 걸어가려 해.
훈훈한 안식처, 다정한 구석까지
음료나 의자가 있는 곳까지.

신호등이 초록불로 바뀌네. 검은 덩어리,
그이야 괜찮아,
아직 늦지 않았어, 그의 지팡이 발
건초발, 짚,
느릿한 행군. 옛날

옛적
시간, 그건 지팡이
톡, 탁, 톡, 탁

• 남북전쟁 당시 신병에게 제식 교육을 하며 왼발에는 건초를 오른발에는 지푸라기를 붙여두고, 'hayfoot' 'strawfoot'이라고 구령했다.

사자왕

사자왕은 오늘 멀찍이 있다.
왔다 갔다,
이따금 움찔거리면서.
당신은 포효를 들었을지도,
아닐지도.

마지막으로 사자왕은
뭘 잊었나?
열쇠와 모자 따위 말고.
황갈색 날들,
태양, 금빛 질주 말이야.
털이 잔뜩 나부끼던 우리의 춤.
그에게는 번뜩 돌아오기도 하지만,

그다음엔? 그다음엔 애석해한다
우리는 아니라서.
그렇대도 이름이 사라진 새들이 내는
노랫소리는 있어.

새들은 그 잃어버린 이름이 필요 없다.

우리에게는 절실했지만, 그건 그때고.
이젠, 아무려면 어때.
사자들은 자신들이 사자라는 걸 모른다.
자신들이 얼마나 용감한지 모른다.

투명인간

만화에서 투명인간을 그리는 건
골칫거리였지.
작가들은 점선을 찍어 해결을 봤어
들창코를 종이에 바짝 붙인 우리,

오직 우리만 알아볼 수 있게,
투명인간들이 존재하는 공간과
우리 사이를 가르는 보이지 않는 유리.

점선으로 된 윤곽을 가진
투명인간,
그가 바로 날 기다리고 있다.

식탁 당신의 자리에
부재의 형상,
내 맞은편에 앉아
평소처럼 토스트와 달걀을 먹거나
낙엽이 바스락거리고
하늘이 살짝 무겁게 내려앉은
진입로 앞까지 앞서 걷는.

그 형상이 장차 당신이라는 걸,
우리 둘 다 안다.
당신은 여기 없으면서 여기 있을 거라는 걸,
더이상 거기 없는 고리에
모자를 걸듯, 그런 몸의 기억으로.

은색 구두

이젠 춤을 추지 않지만, 여전히
은색 신을 신고 있어

내 은색 구두는,
소원을 전부 써버리고

집으로 돌아갈 방법이 없네.
저녁은 먹지 않을래, 두 사람을 위한

리넨 식탁보와 양초가 있는 그런 저녁은. 혼자 있을래,
부재하는 이의 건너편에 앉아서.

아, 당신은 어디로, 언제 가버렸나?
캔자스주는 아니었는데.

이 호텔 방에 홀로 앉아
네모난 체다치즈를 깨작거릴 거야

비행기에서 가져온 거.
소금에 절인 아몬드도.

이걸로 어찌어찌 넘어갈 수 있을 거야.
배고프지 않을 거야.

바쁜 척 행동해야지.
하지만 이건 나를 조금도 지켜주지 않을 거야,

실크 침대 시트
높다랗게 부풀어 오른 베개도,

행복 여행 잡지조차도
거기 실린 마법사의 꿈—

날개 달린 원숭이 지도자가
네버랜드, 그 아늑함과 안전함 속으로

나를 태워 데려가는—
그런 꿈으로도 보상이 되질 않아.

그것이, 우리가 아는 그 순간이 오고 있어,

머리맡 하늘색 알람시계에서

째깍째깍 초침 소리,
하늘을 나는 집이 떨어지기까지 초읽기

조용한 충돌, 죽은 마녀의 심장
덩그러니 남은 은색 구두, 그리고 끝.

안에서

바깥에서 우리가 보는 것은 오그라든 몸,
그러나 안에서, 심장과 호흡과 진피로
느껴지는 것은, 얼마나 다른지,
어찌나 광활한지 어찌나 고요한지 어찌나 만물의 일부인지
어찌나 별이 무수한 어둠인지. 마지막 숨. 어쩌면
신성한. 어쩌면 안도하는. 동굴 속에
붙잡혀 가두어진 연인은,
목소리를 높여 마지막으로 맴도는 노래 하나를
함께 불렀지, 작은 양초가
꺼져갈 때까지. 어찌됐든
난 당신 손을 잡았고 아마
당신도 내 손을 잡았으리
돌이나 우주가 당신을 감싸며
세계를 닫았을 때.
하지만 나는 아니야. 나는 아직 바깥이야.

플랫라인

모든 것은 마모됩니다. 손가락도요.
비틀리기 시작해요.
당신 손은 장갑 속에서 웅크린 채,
젓가락질과 단추 채우기를 잊지요.

발은 저대로 다 계획이 있어요.
신발 속에서 당신의 취향을 깔보고
당신의 흔적, 당신의 지도를 무시합니다.

귀는 쓸모없어요.
그 괴상한 분홍색 덮개는
뭐하러 있죠?
두개골에 붙은 곰팡이랄까.

몸은, 한때 당신의 공범이었지만
이젠 올가미가 되었어요.
일출을 보면 당신은 움찔합니다.
지나치게 밝고, 지나치게 화려해서.

평생 얽히고설킨 끝에,

매듭이 많은 올무와 레이스 뜨개인 당신은,
격동과 잔해가 회오리치는
보랏빛 토네이도의 텅 빈 공간인 당신은,
미로의 끝을 간절히 바라요

그렇게 흰 해안을,
수평선이 있는 바다를 기원합니다.
그다지—지복은—아닌,
평평한 선을 향해 나아가기를.

더는 쉭쉭 소리도 철벅거리는 소리도 없이,
암초도, 수심도 없이,
목구멍에서 덜거덕거리는 자갈도 없이.

바로 이런 소리:

마법이 풀린 시체

마법이 풀린 시체—
이게 죽은 몸에 붙일
새로운 이름일지도 몰라.

마법이 당신을 떠났다고.
그 깜박거림, 생기, 다 사라졌다고.
말라버린 반딧불이처럼.

하지만 지금 마법이 풀린 거라면,
예전 그때 누가 당신에게 마법을 걸었나?
어떤 주술사나 마녀가
말의 그물, 주문을 걸었던가?
당신 골렘*의 진흙 입속에
부적을 넣어뒀던가?

삶이여, 삶이여, 당신은 노래했어
온 세포로,
주문에 계속 붙들려 있었기에
하는 수 없이 춤을 추었지.
그리고 당신은 대기를 태웠어.

자정이 되자 당신에게선 창백한 불꽃이
피어올랐고, 마침내 스러져 뼈가 되었어.

마법이 풀린 시체라고들 말하지.
반응하지 않는. 염원이 사라져,
모든 마술이 흐물흐물해진.
허상이자 파편.
생명이 없는. 없는.

그러니까 당신인가? 아니면 그것이라 해야 하나?

• 인간의 형상을 본떠 만든 진흙 인형. 중세 유럽의 전설에 따르면, 골렘의 입안에 주문이 적힌 종이를 넣으면 인형이 생명력을 얻어 움직이게 된다고 한다.

지극히

이제는 바래가는, 옛 낱말.
지극히 바랐지.
지극히 갈망했지.
나는 그를 지극히 사랑했어.

보도를 따라 걸어간다
상한 무릎에 주의하면서
생각하는 것보다
나는 신경을 정말 덜 써
더 중요한, 다른 일들이 많으니까.
(두고 봐, 알게 될 거야)

일회용 컵에 담긴
커피 반 잔을 들고서
(지극히 유감이야,
플라스틱 뚜껑이라니)
낱말들이 한때 뜻한 바를 떠올리려고 하면서.

지극히.
그 말은 어떻게 쓰였더라?

지극히 사랑하는 이들이여.
지극히 사랑하는 이들이여, 우리가 모여 있다.
지극히 사랑하는 이들이여, 우리가 여기 모여 있다.
얼마 전 우연히 찾은
이 까마득한 사진첩 속에.

이제는 바래가는,
세피아, 흑백, 컬러 사진들
다들 지금보다 훨씬 젊다.
폴라로이드 사진까지.
폴라로이드가 뭐죠? 갓난쟁이가 묻는다.
십 년 전에 갓난쟁이였던 아이가.

어떻게 설명할까?
사진을 찍고 나면 위에서 사진이 나왔단다.
무엇의 위로 말이에요?
그런 어리둥절한 표정을 난 숱하게 본다.
우리가 어떻게 살았는지,
어떻게 이토록 지극히 함께 모여 있었는지,
세세히 설명하기는

너무 어렵다.
우리는 쓰레기를 신문지에 싸서
끈으로 묶었어.
신문이 뭐예요?
이런 식이지.

끈은, 그래도 아직 있다.
물건을 한데 묶는 것.
끈에 꿰인 진주 한 줄.
아이들은 그렇게 말하겠지.
어떻게 따라잡을 수 있을까?
면면이 눈부시고, 면면이 외롭고,
그렇게 면면이 사라지고 마는 날들.
내 서랍에는 그런 것들을 적어둔 종이가 있어,
이제는 바래가는, 그 시절들을.
구슬은 수를 세는 데 쓰일 수 있다
묵주알을 돌리듯.
나는 목에 돌멩이를 두르는 걸 좋아하지 않지만.

이 길을 따라가면 쭉 꽃밭,

팔월이라 이제는 바래가는
윤기를 잃은 꽃들, 떨어지기 시작한다.
곧 국화가 피겠지.
프랑스에서는, 망자들의 꽃.
께름칙해 할 것 없어.
사실을 말한 것뿐이니까.

꽃을 세세히 설명하는 것도 어찌나 어려운지.
이건 수술^{stamen}, 남자^{men}와는 아무 상관없어.
이건 암술^{pistil}, 총^{pistol}과는 아무 상관없어.
아주 세세한 것들 때문에 번역가들은 좌절하고
나도 그래, 설명을 붙이려고 하면 정말이지.
내 맘 알 거야.
헤맬 수도 있어. 길을 잃을 수도 있어.
낱말 때문에 그렇게 될 수도 있어.

지극히 사랑하는 이들이여, 여기 함께 모여 있네,
이 닫힌 서랍 속에,
이제는 바래가며. 난 당신들이 그립다.
이르게 떠난, 여기 없는 이들이 그립다.

아직 여기 있는 이들조차 그립다.
나는 당신들 모두가 지극히 그립다.
나는 당신들 때문에 지극히 애통하다.

애통: 더는 자주 못 듣는
또 다른 낱말.
나는 애통하다 지극히.

블랙베리

이른 아침 한 나이 든 여인이
그늘에서 블랙베리를 따고 있단다.
이따가 무더워지겠지만
지금은 찬 이슬이 달려 있어.

떨어진 베리 몇 개는 다람쥐의 것.
설익은 베리 몇 개는 곰의 것으로 남겨두고.
나머지는 쇠그릇에 담긴다.
네 몫으로 말이지, 살짝이라도
맛볼 수 있게.
좋은 계절이다. 사소한 달콤함이
잇달아 찾아오고, 재빨리 떠나는구나.

어쩌면, 네게 환기시키고 있는
이 늙은 여인은
한때 내 할머니였을지도 모르지.
지금은 바로 나이고.
그럭저럭 운이 좋다면
수 년 후에는 네가 될지도.

잎과 가시 사이
속으로 뻗는 손은
언젠가의 내 어머니 손.
내가 그걸 물려받았다.
수십 년 후에는, 네가 잠시 네 것인
손을 살피게 되겠지, 떠올려보게 되겠지.
울지 마, 그렇게 되기 마련이란다.

애야. 쇠그릇이
거의 다 찼구나. 우리 모두에게 충분할 만큼.
블랙베리가 유리처럼,
우리가 눈의 고마움을 잊지 않으려
십이월 트리에 거는
유리 장식처럼, 깨끗이 빛난다.

볕을 받고 맺힌 열매들은,
때로 알이 더 작지.
내가 늘 말했듯이,
가장 좋은 것들은 그늘에서 자라난단다.

옮긴이 후기

삶의 비의를 딛고

한정원

한국의 독자들에게 마거릿 애트우드는 두 번의 부커상을 수상한 소설가로 잘 알려져 있다. 하지만 사실 그는 소설과 더불어 동화, 칼럼, 시 등 장르를 넘나들며 다양한 작품을 써온 전방위 작가이다. 특히 1961년 시집을 자비로 출간하며 문학 활동을 시작한 이래로 자그마치 열다섯 권이 넘는 시집을 펴냈으니, 애트우드 문학의 본령은 '시'라고 해도 무리가 없을 듯하다.

《돌은 위로가 되지》는 2020년, 애트우드가 여든이 넘은 해에 출간되었다. 시인으로 데뷔한 지는 거의 60년이 흐른 시점이었고, 마지막으로 출간한 시집 이후로는 10년 만이었다. 꽤 오랫동안 소설 작업에 몰두했던 그가 (이런 표현은 송구하나) 생의 느지막한 때 다시금 시로 회귀한 것이다. 서문에서 담담하게 밝혔듯, 그 간극에 세계는 더 암울해졌고 작가 자신은 노쇠해졌으며 그가 사랑하던 이들은 세상을 떠났다. 젊은 시절 애트우드의 예감과 상상의 영역에 있던 수많은 일들이 시간이 흐르면서 그의 삶 속에서 현실이 되었고 '삶' 그 자체로서 공존하게 되었다. 그에 따라 이 시집 속 시들은 이전에 발표했던 작품들과 소재 측면에서는 겹치더라도 그것을 드러낼 때의 태도와 어조가 명백히 달라졌다. 무엇보다 애트우드는 배우자 그레임 깁슨Graeme Gibson을 잃은 후 이 시집을 묶었고 그에게 헌사를 바쳤다. 그레임 깁슨은 캐나다의 소설가이자 환경운동가로, 두 사람은 반세기에 가까운 세월 동안 문학과 삶, 행동의 윤리를 함께 나눈 동지였다. 이런 배경들로《돌은 위로가 되지》는 절망과 체념, 상실과 애통을 몸소 겪은 사람이 어떤 언어로 세계를 붙잡는지, 삶의 비의를 딛고 어디로 건너가는지, 그것을 엿볼 수 있는 시집이다.

애트우드가 시의 순서와 배열에 심사숙고했다고 알려온 만큼, 총 다섯 부로 이루어진 시집의 각 부를 느슨하게 구분 지어 들여다보는 일이 시집 전반을 이해하는 데 보탬이 될 수도 있겠다. 우선 시집의 문을 열고 닫는 첫 시와 마지막 시의 자리는 시인에게 더욱 중요했을 텐데, 그 첫 시는 '시에 대한 시'이다. 시는, 나아가 언어는, 언제나 삶에 뒤처질 수밖에 없다는 괴리감과 거기에서 비롯된 낙망을 드러내지만 그럼에도 '할 수 있는 노래'를 계속 부를 것이라는 다짐을 함께 보여주는 시이다. 이러한 의지는 단지 시 쓰기에 한정되지 않고, 그가 직면하는 모든 개인적이고 사회적인 문제와 물음 앞에서 취하는 태도에 대한 선언으로 보이기까지 한다.

1부는 대부분 늙음과 질병, 죽음을 목도하며 느끼는 고통과 그 앞에서 자연스레 뒤돌아보게 되는 과거에 대한 시로 이루어졌다. 치매에 걸린 반려묘에 대한 시 〈유령 고양이〉는 동반자 깁슨 역시 치매를 앓았다는 사정을 생각하면 각별하게 읽히기도 한다. 기억함과 기억하지 못함, 저마다 나름으로 쓸쓸하다.

2부는 여성을 집중적으로 들여다본 시들이다. 여성은 어떻게 사랑하고 실패하는가, 여성은 어떻게 기억되고 사라지는가, 여성의 몸과 언어는 어떻게 오용되고 파괴되는가에 대해 신랄하게 일깨워준다.

3부는 미래소설로 명성을 얻은 애트우드의 면모가 자유롭게 드러나는 시들이 많다. 버섯, 드론, 세이렌, 외계인, 좀비 등 온갖 반인간 존재가 등장하여 현실과 상상의 경계를 넘나든다.

애트우드는 자신의 소설을 두고 'SF/판타지 소설'과 구별하여 '사변소설'이라 칭한 바 있다. 그가 쓰는 이야기는 단순히 공상이나 환상이 아니라, 지금 이 세계의 연장선으로서의 미래라는 것이다. 현실을 비틀고 확장한 상상은 그래서 윤리적이고 정치적인 문제의식을 동반한다. 이곳에 실린 얼핏 엉뚱하기 그지없어 보이는 시들도 그런 맥락을 염두에 두고 읽으면 한결 다채롭게 다가올 것이다.

4부에서는 자연과 동물에 해를 끼치는 인간을 본격적으로 비판한다. 애초에 인간은 동물이며 자연이었으나 지금은 그때의 영혼을 잃어버렸다고 선언하며, 우리에게는 '나아가기'보다는 '멈추기'가 필요하다고 요구한다.

끝으로 상실, 소실, 홀로 남음에 대한 정제된 성찰이 담긴 5부에는 곳곳에 그레임 깁슨의 그림자가 드리워져 있다. 그만큼 애트우드와 가장 밀착된 이야기이기에 마지막 자리를 내어준 것으로 짐작한다. 시기적으로 따지자면 깁슨이 여전히 살아 투병하고 있을 때 쓴 시들인데, 그가 곧 떠날 것이라는 예감 속에서 스며 나오는 슬픔과 불안은 사후의 애도 못지않게 쓰라리다.

다시 이 시집을 전체적으로 모아 보면, 애트우드가 쭉 그랬듯이 생태계를 파괴하는 인간과 인간 중심의 사고방식에 경고를 보내고, 여성의 몸과 사랑을 여성의 관점에서 고민하면서 거기에 더해 새로이 상실과 기억, 노화와 죽음에 대해 더욱 밀착하여 사유하게 되었음을 알 수 있다. 독자를 서글프게 하고 깔깔 웃게 하고 부끄럽게도 했던 애트우드는 마침내 마지막 시 〈블랙베리〉에서는 독자를 껴안고 등을 토닥인다. 노인이 블랙베리를 따는 조용한 풍경에서 비롯하여 세대의 흐름과 삶의 이행에 대한 사유가 아름답게 농축된 이 시는 긴 세월을 거쳐 온 애트우드가 남기고 싶은 마지막 전언일지도 모르겠다.

그는 〈좀비〉라는 시의 서두에서 릴케의 말을 인용했다. "시는 우리 마음에서 터져 나오는 과거이다." 이 인용구는 애트우드의 시집을 설명하기에도 적합하다. 애트우드의 마음에서 터져 나온 빛나고 일그러지고 뜨겁고 냉혹한 과거의 이야기들. 그런데 문학이 가진 신비로운 힘 중의 하나는, 타인의 과거로부터 날아간 부메랑이 나의 현재나 미래로 되돌아오기도 한다는 것이다.

애트우드가 자신의 소설을 '사변소설'로 정의한 것을 본떠 그의 시를 '사변시'라고 부를 수도 있을까. 그에 대한 의견은 분분하겠지만, 이 시집 속 시들은 분명히 독자들을 미래로, 혹은 더 멀고 깊은 곳으로 데려갈 것이다.

《돌은 위로가 되지》를 번역하기에 앞서 마거릿 애트우드의 인터뷰 영상을 여럿 찾아보았다. 그는 늘 정확한 발음으로 담백하게 말했고, 어김없이 농담을 섞어 청중들을 웃게 했다. 남을 잘 웃기는 사람이 그러듯이 자신은 최대한 웃음을 자제하고 입꼬리에 미소를 걸듯 말듯 천연덕스러운 표정으로 말이다. 애트우드의 개인 SNS도 부지런히 따라 읽었다. 팬데믹의 대대적인 혼란 속에서도 건강을 지켜가던 그가 어느 해인가는 심장 수술을 받았는데, 그다음 날에도 장난기 가득한 사진과 글을 올렸던 것으로 기억한다. 그게 바로 언제나 냉소적인 시선으로 세계의 불합리한 자리를 파헤치고 다니는 작가의 본래 모습이었다. 나는 그 목소리와 표정을, 비관적이어서 오히려 희망을 절대 놓지 않는 그 기이하고 아름다운 이중성을, 그가 쓴 시에 그대로 부여하고 싶어 애썼다.

내가 이해한 마거릿 애트우드는 삶의 끝을 보지 않는 작가이다. 그에게 끝은 마지막이 아니라 선이자 경계일 뿐이기에, 어떻게 그 너머로 건너갈지 부단히도 모색하는 것이다. 상실의 자리에서도 여전히 살아 있는 존재가 있으니 그것을 계속 사랑하고 노래하라고 손을 잡아끄는 것이다. 훗날 그가 사라지더라도 이 시집을 손잡이처럼 움켜잡으라고 일러주는 것이다.

나의 부족함으로 불완전하게 재현되었을 것이 분명하나, 그럼에도 애트우드만의 꼿꼿하고도 유연한 세계관이 독자들에게 올곧이 전해지기를 바랄 뿐이다.

돌은 위로가 되지

1판 1쇄 펴냄 2025년 6월 23일

지은이	마거릿 애트우드
옮긴이	한정원
편 집	안민재
디자인	룩앳미
인쇄·제책	아트인

펴낸곳	프시케의숲
펴낸이	성기승
출판등록	2017년 4월 5일 제406-2017-000043호
주 소	(우)10885, 경기도 파주시 책향기로 371, 상가 204호
전 화	070-7574-3736
팩 스	0303-3444-3736
이메일	pfbooks@pfbooks.co.kr
SNS	@PsycheForest

ISBN   979-11-89336-85-1   03840

이 책의 내용을 이용하려면 반드시 저작권자와
도서출판 프시케의숲에 동의를 받아야 합니다.